Ist mir grosse Ehre von gleicher Sorte zu sein

Hommage an den Luzerner
Strassenphilosophen Emil Manser
1951-2004

Herausgegeben von
Georg Anderhub, Erich Brechbühl,
Anita Bucher und Marco Sieber

db-verlag
ISBN 3-905388-19-7

FLORA
REISEN
FLORA REISEN

Ein Buch über den Luzerner Diogenes*

Vorwort von Urs W. Studer, Stadtpräsident

Emil Manser war in Luzern allgemein bekannt. Auch wer seinen Namen noch nie gehört hatte, kannte doch den Mann mit dem Militärkaput, den Mann mit dem à la Charlie Chaplin geschminkten Gesicht, den Sandwich-Mann mit den listigen Plakaten, der weder für ein Produkt noch für eine Firma Werbung machte. Emil Manser war ein Stadtoriginal, um das sich schon zu Lebzeiten Legenden rankten. Sein Freitod tat ein Übriges dazu. Jetzt liegt folgerichtig auch ein Buch vor, das Emil Manser gewidmet ist.

In Luzern selber bekannte und weniger bekannte Personen haben dazu Texte beigesteuert. Die breite Palette der Autorinnen und Autoren darf als Hinweis verstanden werden, bei wie vielen Einwohnern und Besuchern Emil Manser bleibende Eindrücke hinterliess. Auch mich hatte er beeindruckt.

An die ersten beiden Begegnungen mit Emil Manser erinnere ich mich recht deutlich. Wobei, wenn ich genau sein will, es sich dabei nicht um Begegnungen handelte, ich hatte ihn einfach wahrgenommen. Zu Begegnungen kam es erst später.

Es muss zur Winterszeit gewesen sein, am Grendel: Da plötzlich ging dieser überlaute, sonderbar gewandete Mann mit der Bierflasche in der Hand. Die Accessoires seiner Kleidung, die auffällige Persönlichkeit und natürlich der Adventskranz auf dem Kopf mit den brennenden Kerzen lösten bei mir Befremden aus. Wie bei vielen anderen Vorübergehenden auch. Und wie viele andere auch sorgte ich mich um seine Sicherheit und die der Passantinnen und Passanten.

Das zweite Mal überraschte mich Emil Manser in einem Restaurant, wo ich bei einer Tasse Espresso sass. Emil Manser trat ein, mit seiner tragenden Stimme sang er die Serviererin gleichsam an, was bei den Gästen – mich eingeschlossen – zu Irritation, Verunsicherung, ja Verärgerung führte. Die Serviererin hingegen schien ihn zu kennen und reagierte entsprechend souverän. Mit freundlichen, bestimmten Worten wies sie ihn zurecht und schickte ihn schliesslich hinaus.

Später, inzwischen im aktuellen Amt als Stapi angelangt, begegnete ich Emil Manser zuweilen vor dem Hauptsitz der Kantonalbank an der Pilatusstrasse. Emil Manser schien hier ebenfalls seinen Hauptsitz eingerichtet zu haben. Er war dort mit seinen berühmten Plakaten anzutreffen, auf denen philosophische, sprichwörtliche, hintersinnige und manchmal auch ironisierende Worte geschrieben standen. Dieser Standort machte Begegnungen möglich. Emil Manser suchte häufig das Gespräch mit mir, erzählte mir Begebenheiten aus seinem Leben. Einfach so.

So habe ich – wie viele andere Menschen in Luzern auch – Emil Manser schätzen gelernt: Den kauzigen Hünen, von dem man nie wusste, spielte er mit uns Normalos, bettelte er einfach klüger als andere oder philosophierte er tatsächlich?

Emil Manser hielt sich regelmässig an der noblen Pilatusstrasse vor der Luzerner Kantonalbank auf. Ich kann mir vorstellen, dass solches in vielen anderen Städten, in der Schweiz und anderswo auf dem Globus, nicht geduldet worden wäre. Die hier gelebte Toleranz, die eventuell aus einer fasnächtlichen, barock geprägten Lebensart entsprungen sein mag, ermöglichte es den Luzernerinnen und Luzernern, dem Diogenes ihrer Stadt zu begegnen, mit ihm zusammenzuleben, sich von ihm verunsichern zu lassen.

Ich jedenfalls bin froh, Emil Manser nicht bloss zweimal über den Weg gelaufen, sondern ihm zahllose Male begegnet zu sein.

Das vorliegende Buch ermöglicht den Luzernerinnen und Luzernern, die Erinnerungen an Emil Manser warm und frisch zu erhalten. Erinnerungen an einen Mann, der uns allen wohl bekannt war, den aber vermutlich nur ganz wenige gekannt hatten. ◊

Diogenes: Griechischer Philosoph, lebte im 4. Jahrhundert vor Christus in Athen. Er gilt als Verächter der Kultur, der in ausgesprochener Bescheidenheit, ja als Bettler lebte. Diogenes wirkte in seiner Philosophie mehr durch den praktischen Vollzug denn durch Lehren. Von ihm sind zahlreiche legendäre Anekdoten überliefert.

GLÜCK
(für sie)
Betle ganzen
Januar zum
Halben
Breis
Der Unterhmer

«Unter toten Fischen auffallen ist keine Kunst»

inleitung von Benno Bühlmann, Verleger/Publizist

Ein ungewohntes Bild präsentiert sich an jenem Augustnachmittag vor dem Coop im Luzerner Hirschmattquartier: Bereits seit Tagen brennen hier Dutzende von Kerzen und immer wieder bleiben Passantinnen und Passanten einen Moment stehen oder legen Blumen hin. Drei Männer mit Bierflaschen in den Händen haben sich nebenan auf einer Sitzbank niedergelassen und beobachten mit Interesse das Treiben auf dem Platz. «Der unerwartete Tod unseres Kollegen Emil Manser ist hier schon seit Tagen das wichtigste Gesprächsthema», bemerkt einer der drei Männer. Und ein anderer meint: «Emil war ein Stadtoriginal, ein intelligenter und weiser Mann, der mit originellen Sprüchen die Menschen auf der Strasse zum Nachdenken angeregt hat. Wir vermissen ihn sehr.» Eine Frau mit gefüllter Einkaufstasche erklärt im Vorübergehen: «Emil Manser war eine Art Hofnarr in unserer Gesellschaft, der mit seiner Zeitkritik viele stutzig gemacht hat. Er wird in dieser Stadt sicher fehlen.»

Tatsächlich gab es nur wenige Stadtluzerner, die den «Strassenphilosophen» Emil Manser nicht kannten. Auf seinen Kartontafeln, die er sich als Sandwichmann umgehängt hatte, standen träfe Sprüche, die er oftmals absichtlich mit vielen Orthografiefehlern versehen hatte: «Intelikenz ist gerecht verteilt», fand er – und lieferte auch gleich die Begründung dafür: «Jede(r) meint genug zu haben.» Oder: «Sucke Leehrstelle alz Medzger! Möckte nachher zuhr Bolizei.» Mit zum Teil beissender Ironie kommentierte er auch brisante gesellschaftliche Themen. Bisweilen sorgte er mit seinen Sprüchen dafür, dass einem das Lachen im Hals stecken blieb: «In Schweiz viele Freie Schweizer. In Asien, Afrika vieh-le Schweizer Freier.»

Für Irritationen löste vor allem auch sein ungewohntes Outfit aus: In vorweihnächtlicher Zeit trug er oft einen alten Militärmantel und einen Adventskranz mit Kerzen auf dem Kopf. Im Sommer imitierte er in seiner äusseren Erscheinung mit Vorliebe Charlie Chaplin, indem er sich eine Melone aufsetzte und ein Schnäuzchen montierte. «Unter toten Fischen auffallen ist keine Kunst», schrieb er einmal auf ein Plakat und hielt damit den Menschen auf der Strasse schonungslos einen Spiegel vor. Emil Manser ging es aber vor allem darum, den Menschen auf der Strasse eine Botschaft zu vermitteln und für mehr Grosszügigkeit und Toleranz zu werben: «Würde Neid, Missgunst brennen wie Feuer wäre Heizöl nicht teuer», schrieb er auf einem seiner Plakate. Und auf einem anderen war zu lesen: «Würde für Jedes Schimpf-Wort ein Baum wachsen Lebten wir in Urwald.»

Längst nicht alle zeigten sich erfreut über das unkonventionelle Auftreten Mansers. Einige betrachteten ihn als Spinner, Aussenseiter und Störefried. Für die Behörden war er immer mal wieder ein Fall für die Psychiatrie, vor dem die Öffentlichkeit geschützt werden musste. So kam es, dass er in der psychiatrischen Klinik St. Urban zu den Stammkunden gehörte.

Doch die Mehrheit der Bevölkerung hatte sich in den vergangenen Jahren daran gewöhnt, dass der schräge Vogel irgenwie zum Stadtbild gehörte. Als am 3. August 2004 bekannt wurde, dass er seinem Leben ein Ende gesetzt hatte, löste dies in Luzern grosse Betroffenheit aus. In der Nacht zuvor hatte ein Augenzeuge zu später Stunde beobachtet, wie sich ein Mann über das Geländer des Rauthausstegs beugte. Als er kurz darauf ein Platschen im Wasser hörte, alarmierte er die Polizei. Diese suchte vergeblich die Reuss und die beiden Ufer ab. Erst am anderen Morgen konnte Emil Mansers Leiche beim Wehr von Rathausen geborgen werden. Am Geländer der Brücke entdeckte man ein Kartonschild mit der Aufschrift «Krebs – wählte Abkürzung in den Himmel.»

Emil Manser, 1951 in Appenzell geboren, stammte aus einer Bauernfamilie mit sechs Kindern. Er machte eine Buchdruckerlehre und arbeitete später eine Zeit lang als Maler und Maurer. Dann aber warf es ihn aus der Bahn. Vielleicht war es Liebeskummer oder was auch immer niemand weiss das so genau. Bekannt ist nur, dass der Appenzeller Mitte der siebziger Jahre in Luzern auftauchte und seither in dieser Stadt mehr oder weniger am Existenzminimum sein Dasein fristete.

Luzern scheint ein fruchtbarer Boden für originelle Menschen zu sein, was auch darin zum Ausdruck kommt, dass hier im Jahr 1978 die Güüggalizunft gegründet wurde, die sich mit Engagement um die Originale kümmert. Das sei keineswegs selbstverständlich, wie der ehemalige Stadtpräsident Franz Kurzmeyer unterstreicht: «Dass

Leute wie Emil Manser in einer Stadt überhaupt möglich sind, hat mit der Toleranz ihrer Bewohner zu tun. Das ist eine Qualität Luzerns. Darauf bin ich stolz.»

Doch die Frage, was unter dem Begriff «Original» genau zu verstehen ist, lässt sich nicht so leicht beantworten. Für den Luzerner Nationalrat und Philosophielehrer Hans Widmer ist ein Original «ein Mensch, der in allen Situationen zum tiefsten Kern seines Wesens steht». Es handle sich um Menschen, für die das oberste Gebote nicht etwa «Passe dich an» heisse, sondern: «Sei dich selber! Höre auf deinen Ursprung!» Originale seien also Menschen mit einer hohen Sensibilität für die Stimme, die sich aus ihrem Innern vernehmen lasse. Vor diesem Hintergrund stellt sich die Frage nach der Originalität letztlich für jeden Menschen, der sich selber treu bleiben möchte. Und eben diese Erkenntnis kommt auch in einer Graffito-Botschaft zum Ausdruck, mit der es vor Jahren einmal ein Strassenkünstler auf den Punkt gebracht hat: «Alle Menschen werden als Original geboren – die meisten sterben als Kopie.»

Was Emil Manser abhebt von vielen anderen originellen Menschen sei die Tatsache, dass er vor der Gesellschaft nicht kapituliert habe, meint Hans Widmer: «Er hat sich die Mühe genommen zu sagen, was aus seiner Sicht zu sagen war. Und er wusste, dass er öffentlich wahrgenommen wurde.»

Nicht nur das Leben des Strassenphilosophen Emil Manser war ungewöhnlich, auch seine letzte Ruhestätte im Luzerner Friedental unterscheidet sich wesentlich von herkömmlichen Grabmälern. Auf dem Grabstein sind Sätze zu lesen, die von Emil Manser persönlich stammen und die seine Lebenspartnerin Anita Bucher in der Typografie und Form seiner Handschrift in einen rohen Stein vom Pilatus hat meisseln lassen. «Ist mir grosse EHRE von gleicher Sorte zu sein», steht auf der zum Grabfeld gewandten Seite. Und auf der Rückseite bringt die lakonische Botschaft «Habe Betriebsferien» die Friedhofsbesucher zum Schmunzeln.

Es ist unmöglich, mit dem vorliegenden Buch den «ganzen» Emil Manser zu erfassen. Vielmehr handelt es sich dabei um einen Versuch, den vielfältigen Spuren des Luzerner Strassenphilosophen nachzuspüren und einige Facetten eines Menschen einzufangen, der auch nach seinem Tod den Zurückgebliebenen noch Rätsel aufgibt… ◊

n einem Brief aus der Psychiatrischen Klinik St. Urban
chrieb Emil Manser über sein Leben:

Liebe Schwestern, Liebe Brüder,

ich wurde am 20.11.51 in Appenzell geboren. Mein Vater war Pächter eines Staatseigenen Landwirtschaftsbetriebes. Er ist ehrlich, offen, arbeits- und sparsam ähnlich wie der lybische Terrorist Moumar al Ghadaffi. Meine Mutter ist mit Nancy Reagan zu vergleichen. Ich möchte sie nicht näher beschreiben.

Ich verbrachte eine glückliche Kinder- und Jugendzeit: Ich durfte 7 Jahre Primar-, 2 Jahre Sekundarschule besuchen. Anschliessend 4 Jahre Buchdruckerlehre in Appenzell. Lehrabschluss 1971.

Danach arbeitete ich anschliessend in St. Gallen und Flawil als Buchdrucker. Von Buchdruck konnte ich mich bald nicht mehr begeistern, weshalb ich eine Anlehre als Maurer und Maler machte.

Im Frühjahr 1975 kam ich Stellen- und fast mittelos nach Luzern. Ich sprach bei Besitzer renovationsbedürftiger Liegenschaften vor und empfahl mich für Renovationsarbeiten. Bereits im Jahre 1976 war ich Verwalter einer Schwarzarbeiter-«Firma» mit ca. 500'000 Fr. Jahresumsatz.

Ich war ehrgeizig und strebsam. Ich wollte materiell reich werden. Bis zum Jahre 1978 lernte ich unzählige Hausbesitzer und Mitarbeiter gut kennen. Gleichzeitig lief die Fahndung nach den RAF Terroristen auf Hochtouren.

Ich machte mir über vieles Gedanken und zweifelte an vielem. Ich fühlte mich in der Schweiz in einem Irrenhaus. Ich kannte in der damaligen Zeit junge Ehepaare die zeitweise nicht einmal Milch für ihre Kleinkinder kaufen konnten.

Der grösste Teil meiner Einkünfte wurde verschenkt verhurt und versoffen. Ich stellte Verlustscheine aus.

Im Jahre 1982 wurde ich in Asien wegen Meinungsäusserung verhaftet. Ins Irrenhaus meiner Heimatgemeinde gebracht. Und psychisch ermordet.

In meiner Heimatgemeinde wurde ich mit 31 Jahren zum Kind erklärt (bevormundet).

Ich konnte meiner gewohnten Tätigkeit nicht mehr nachgehen. Ich erhalte eine IV Rente von der ich gut leben kann.

Am 18. Dezember 1989 wollte ich an der Obergrundstrasse Luzern ein Stück unfruchtbares Land fruchtbar machen. Und zwar Land um einen Baum herum. Ich wollte Dreck und Steine mittels Handwagen abführen und durch Hummus ersetzen. Im Frühjahr hätte ich Kartoffeln gepflanzt. Kurz nach Arbeitsbeginn war ich im Irrenhaus. Es gibt Staaten in denen Denkende und sich anders Äussernde in Gefängnisse, Anstalten oder Lager gesteckt werden. Man sollte nicht den Menschen verstaatlichen sondern den Staat vermenschlichen.
Anfang März 1990 wurde ich aus dem Irrenhaus entlassen.

Ich arbeitete stundenweise als Maler. Anfang Mai machte ich Sammelstellen für trockenes Brot für Tiere. Unter einer nahegelegenen Brücke hielt ich 40 junge Hühner. Ich habe gross Freude an den Tieren.

Am 11. Juni 1990 war ich sehr gut gelaunt. Ich fuhr um ca. 22.30 mit dem Bus von Littau nach Luzern. Bei Astoria Haltestelle stieg ich aus. Entgegen meiner Gewohnheit suchte ich das Astoria heim. Ich sprach nur gebrochen englisch. Ich hatte Fasnachtstimmung. Die Polizei musste mich abholen. Nach ca. 30 Minuten fuhren mich 2 Polizisten nach St. Urban ins Irrenhaus. Es wurden mir Medikamente verabreicht und anschliessend wurde ich aufs Bett gebunden. Am Morgen darauf stand eine Schar Ärzte um mein Bett. Ich stellte mich schlafend. «Man sieht es schon er ist ein bisschen bleich.» Es war die Stimme des Oberarztes. Er verabreicht resp. verschrieb Medikamente. Tagelang wurden mir täglich zwei Spritzen verabreicht. Ich mochte mit Ärzten nicht mehr reden.

Zum Entscheid der Freiheitsentziehung: «Er sei prinzipiell nicht zur medizinischen Nachbehandlung gegangen» ist falsch. Ich suchte jeden Montag Dr. Strobel auf und nahm «Semap» ein.

«Am Tage seiner Einweisung sei er barfuss von einem Restaurant zum anderen gegangen» ist falsch. Ich kam von meiner Freundin und fuhr mit dem Bus von Littau nach Luzern und suchte lediglich das «Astoria» auf. Ich bete zu Gott der alte Stern von Bethlehem möge uns erhellen. ◊

Der Stern von Betlehem
Lieber Vermögen
ohne Herren
als Herren ohne
Vermögen
Und... der alte
Stern von
Bethlehem...

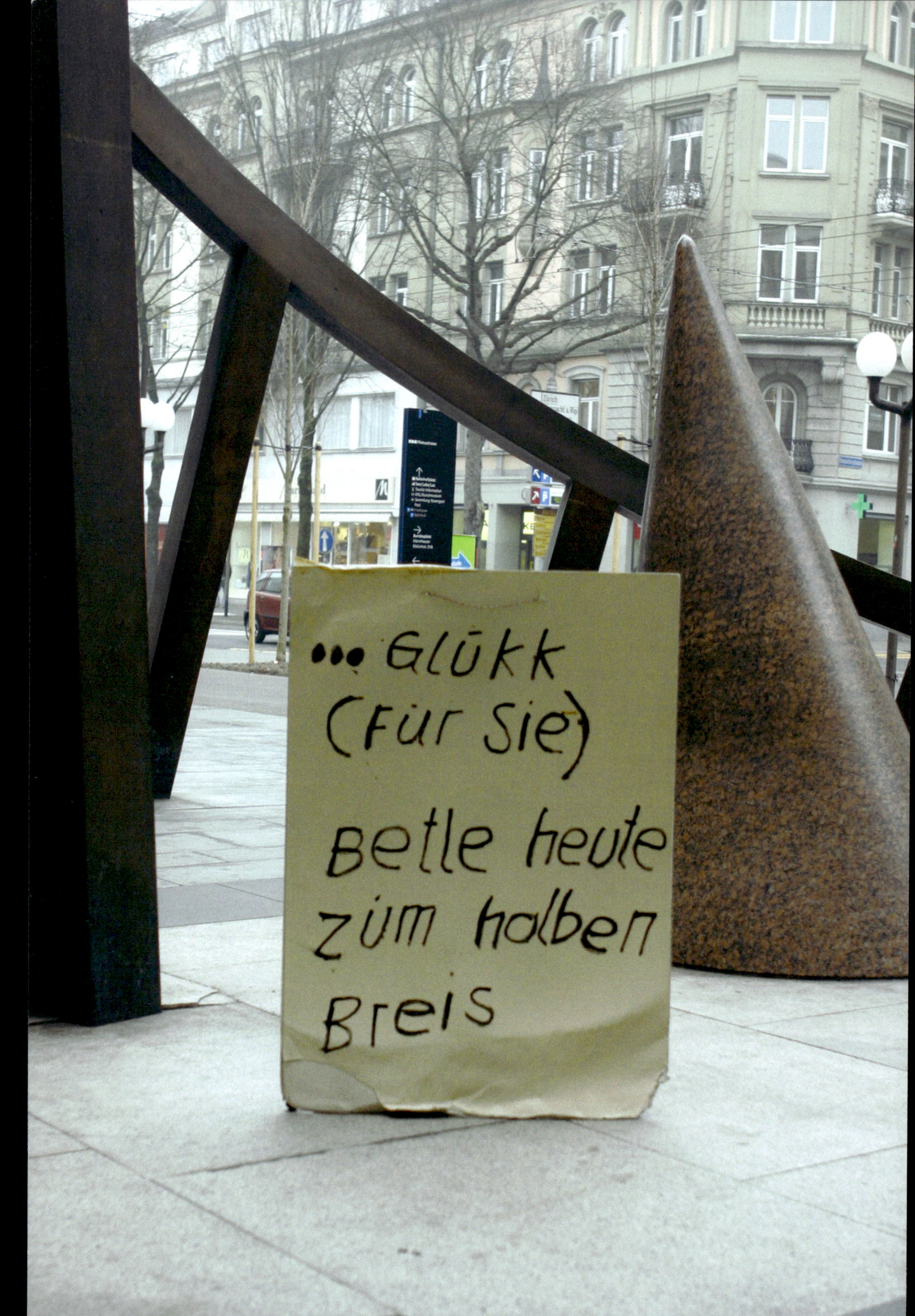
... Glükk
(Für Sie)
Betle heute
zum halben
Breis

Travels into several remote nations of the world
Memoirs of a Survivor
Intelikent
reich, schön
sein
izt
Motern

POLIZEI
Das positive:
Bei Schnee-
Fall haben
alle
Bolizischten
weis(s)e Hüte
der Bolizeidirektor
...und wieder
viele
Normale
sammle für
Eichof Nerven-
Beruhinguns-Tee
Lieber
vernunft
als
Radieckal
Der Delfvin
Würden Terroristen
den Terror
gegen sich
selber einsetzen
wärs Ja
Schöhn

Wo ist die Party?
Bin Umgang
in
„Besseren"
„kreisen"
gewohnt
Kunst-Karten
ab 50 Rappen

raum der stille

Polit-Köpfe (lei n
sind wie
Spar-Säule
je weniger
Drin, je lauter
Abgabe von Karten

Auf
Wiedersehn
Neo-Nazi
...Aber es
eilt nicht

Ein bisschen
unnötig Auto
fahren
ist ein
bisschen
Freiheit
Die Partei

«Brääat appezöllisch»

stin Rechsteiner, Pfarrer St. Maria zu Franziskanern

Anfangs gehörte ich zu jenen, die sich diskret auf Distanz hielten, wenn Emil – in der einen Hand eine brennende Brunette-Zigarette, in der anderen eine offene Bierdose – vor der Kantonalbank oder auf dem Bahnhofareal aufdringlich seine Präsenz zelebrierte. Gespannt nahm ich die jeweils aktuelle Botschaft zur Kenntnis, musste meistens schmunzeln, selten mich ärgern.

Als Emil Manser sich einmal mit kräftig krächzender Stimme auch akustisch bemerkbar machte, horchte ich auf. Ich hörte meine Muttersprache: «brääte Appezölle-Dialekt»! Ich fasste mir ein Herz und sprach ihn ebenso «brääat appezöllisch» an. Er stutzte und begann laut und fröhlich zu lachen. Da war das Eis gebrochen.

Allerdings dauerte es noch einige Zeit, bis wir uns gegenseitig zu trauen begannen. Es auf einmal mit einem Pfarrer zu tun zu haben, machte ihn misstrauisch und neugierig zugleich. Er begann zu rekognoszieren und patrouillierte öfters vor der Franziskanerkirche. An einem Sonntagmorgen wagte er sich sogar ins Innere der Kirche, nahm in der vordersten Kirchenbank Platz und hörte verschmitzt lächelnd der Predigt zu.

Tags darauf traf ich ihn zufällig im «Traffic» in der Bahnhof-Unterführung bei einem Bier. Die Karton-Tafeln hatte er abgelegt und an einen Tisch gelehnt. Die Botschaft darauf:
«Ein bisschen unnötig Auto fahren
ist ein bisschen Freiheit. Die Partei»
Ich fand den Spruch träf und machte ihm dafür ein Kompliment. Er gab es «appezöllisch» zurück: «Jo wesch globe – i wöö gschiide meh i Chülche go d' Predig lose, as doo one im «Traffic» Bier suufe!» – Alkohol sei sein Problem, liess er mich wissen.

Ein Briefwechsel begann. Auf A3-formatigem Papier schrieb Emil beidseitig mit zentimeterhohen Druckbuchstaben frisch von der Leber weg, kümmerte sich weder um Rechtschreibung noch um Logik der Gedanken. Was er aber schrieb, beschäftigte mich: Zehn Jahre sei er mit seinen Plakaten auf Strassen und Plätzen gehockt. Jetzt hätte er genug davon. Er werde sich wieder als Bauarbeiter für

Renovationen bewerben… Weiter möchte er auf allen Kirchenplätzen Container für Trockenbrot aufstellen, um es als Kaninchenfutter zu verkaufen und den Erlös armen Kindern zukommen zu lassen. Ob ich ihm behilflich sein könne, bei den entsprechenden Stellen vorzusprechen. Das Projekt blieb wohlgemeinte Idee und Emil mit seinen Tafeln auf der Strasse.

Was sich darauf zwischen uns beiden veränderte: Wir sprachen über den Sinn unseres Tuns, in dem ich Gemeinsames festzustellen meinte. Emil – ich nannte ihn manchmal «Strassenprophet» – hörte aufmerksam zu, als ich ihm sagte, seine Karton-Tafel-Botschaften kämen mir vor wie Kurzpredigten und würden wohl viele Menschen erreichen und zum Nachdenken verführen – jedenfalls mehr als ich mit meinen Predigten in der Franziskanerkirche. Er schüttelte den Kopf, sein Gesicht wurde hart, die Stimme klang spröde, als er «appezöllisch» antwortete: «Es nötzt jo doch alls mitenand nütz!» Das liess ich nicht gelten und fragte: «Wäscht, was no weniger wöö nötze?» Er verneinte. Meine Antwort: «Wenn Du ond i wörid uufhöre mit Predige ond nütz meh wörid tue!» Ein helles Lachen auf seinem breiten Gesicht verriet, dass er damit einverstanden war.

Dass dieses Einverständnis nicht von Dauer war, machte der 3. August 2004 klar, als er die «Abkürzung in den Himmel» wählte. Krebs, wie behauptet, hatte er allerdings nicht wirklich. Zwar litt er körperlich viel, doch mit Sicherheit nicht an Krebs. Oder war es ein seelischer Krebs, der ihn innerlich auffrass?

Was er sich unter Himmel vorstellte, hat er mir nie erklärt. Von seinem appenzellisch-katholischen Ursprung her waren es vielleicht singende Engelschöre. Und diese hätten vor allem Kinderlieder zu singen gehabt, wie Emil sie jeweils auf seinem scheppernden Transistor öffentlich abspielte, z.B. «Weisst du, wie viel Sternlein stehen»… ◊

Die angehaltene Zeit und ein rascher Abgang

rt Brudermann, Bijoutier

Als die Nizza-Bar noch ohne angegliedertes Freudenhaus funktionierte, war das Lokal ein sehr gut geführtes Café, in welchem ich öfters meine Kaffeepausen verbrachte. Schliesslich befindet sich meine Bijouterie gleich nebenan.

An einem späten Dezember-Nachmittag, das Nizza war auch heute wieder mal gut besucht, durchbrach plötzlich eine laute Stimme die Mischung aus Smalltalk und Radiomusik:
«Mer Buuure heis jo schööön!»
Es war eine sonore Männerstimme, welche diese Mitteilung in langsamen, deutlich ausgesprochenen Worten singend verkündete und damit alle Gespräche der Gäste abrupt zum Erliegen brachte. Suchende Blicke, verwundert, verärgert, belustigt, je nach Charakter und Tagesform tauchten hinter «Blick» und «Neuer Luzerner Zeitung» auf und fanden schnell die an einem Ecktisch alleine sitzende, männliche Gestalt, welche den Spruch von sich gegeben und damit für einige Momente das Unmögliche geschafft und die Zeit angehalten hatte. Ruhig sass er da, leicht vorübergebeugt, gross und dunkel, mit sanftem Blick und verstecktem Schmunzeln, als lache er innerlich über seinen Scherz. Die meisten Gäste nahmen ihre unterbrochene Unterhaltung wieder auf, andere hatten jetzt neuen Gesprächsstoff gefunden.

Einige Tage später sass der Kauz wieder im Nizza, mit einer neuen Botschaft, die er unbedingt und lauthals unter die Leute bringen musste. «Jaa, jaajaaa!», liess er sich diesmal vernehmen. In seiner kräftigen Stimme schwang ein besänftigender Unterton, als wäre alles Zeitgeschehen halb so schlimm.

Erneut schreckten – wen wunderts – gegen zwei Dutzend Köpfe hoch und alle Gespräche verstummten. Der Wirt fand, dass es nun Zeit sei einzuschreiten – er könne doch nicht alle Leute erschrecken – und forderte ihn auf, seine Sprüche in Zukunft anderswo von sich zu geben.

Zufälligerweise hatte ich beide Auftritte mitbekommen. Vor allem der zweite «Weckruf» hatte mich enorm belustigt: Ich hatte nämlich nur darauf gewartet, kaum hatte der Typ sich an einen freien Tisch gesetzt, bis er mit einem lauten Spruch die Köpfe der Zeitungsleser hinter den Blättern hervorlocken würde.

Wenige Tage vor Weihnachten, während des letzten Abendeinkaufes, war ich mitten in einer intensiven Beratung mit einem sehr anspruchsvollen Pärchen, als plötzlich der komische Typ das Geschäft betrat. Ich erstarrte! Mehrmals an diesem Nachmittag hatte ich den Kerl beobachtet, wie er mit einem mit vier brennenden Kerzen bestückten Adventskranz auf dem Kopf die Strasse auf und ab spaziert war und seine Sprüche hinausposaunt hatte. Nun wollte er offensichtlich das Aktionsfeld bis in meinen Laden hinein ausweiten! Das durfte nicht sein, dieser Spinner sollte mir nicht das Geschäft vermasseln, denn das Verkaufsgespräch war soeben in die entscheidende Phase getreten. Immerhin ging es um einige tausend Franken und das Weihnachtsgeschäft war bislang mässig bis schlecht gelaufen.

Mit zwei, drei weiten Sätzen sprang ich hinter dem Korpus hervor, noch bevor der andere in Aktion treten konnte. Unmissverständlich wollte ich die Türfalle ergreifen, um die Angelegenheit schnell und schmerzlos zu erledigen und den unerwünschten Besucher hinauszukomplimentieren. Doch kam ich nicht dazu, denn der Mann, zutiefst erschocken ob meiner plötzlichen Attacke, drehte um und verliess schleunigst das Geschäft. Einen kurzen Augenblick hatten wir dabei Augenkontakt; mein entschlossener Blick traf auf das Auge des Aussenseiters, wo sanfte Verträumtheit soeben nackter Angst wich.

Meiner Überreaktion bewusst geworden, wollte ich einige klärende Worte anbringen, doch zu spät! Nachdenklich kehrte ich zu meinen Kunden zurück. ◊

«Find meine Kunsd ofd selber nichd luschdig»

nate Metzger-Breitenfellner, Journalistin

Warum in aller Welt habe ich das Gefühl, ganze Sätze würden ihm nicht gerecht, dem Emil Manser, würden ihm höchstens ein müdes Lächeln entlocken, eine verächtliche Handbewegung? Diesem Emil Manser, der in Luzern eine Lücke hinterlassen hat, die irgendwo und irgendwie immer ein wenig sehn-süchtig macht, die sich auf den Plätzen der Neustadt, auf der Treppe beim Rathaus und vor dem Rosengart-Museum ausbreitet. Unsichtbar. Unverschämt.

Er fehlt, fehlt mit seiner Kunst. Doch welche Kunst meinte er, der Mann mit den Plakaten, der Sprüche-Mensch mit dem Atfenzkranz auf dem Kopf?

Seine Kunst. Die Eigene. Die Unverwechselbare. Lebenskunst? Vielleicht.

Ob er sie beherrschte, die Kunst, das Leben so zu leben, wie er wollte (oder konnte, durfte – musste)? Es in die eigenen Hände zu nehmen, bis zum Ende – und darüber hinaus? Oder hat es ihn plötzlich eingeholt, sein Leben, hat es sich ihm aufgedrängt, ihn geschüttelt und gezogen und nicht mehr losgelassen?

Aber vielleicht war es doch ein eigenständiges Leben. Nicht immer luschdig, nein. Manchmal sogar überhaupt nicht luschdig. So wenig luschdig wie die Kunsd. Dafür direkt und befremdlich, auf seltsame Weise vereinnahmend, vielleicht auch abstossend. Provokativ. Plakat, Person und Stimme in seltsamer Eintracht, mitteilsam oder wortkarg, versöhnlich – oder auch nicht. Na, gnädige Frau, Sie haben doch Geld, spendieren Sie mir eine Flasche Bier, wie, na, dann eben nicht. Wenns nicht luschdig war, half das Bier. Half zu ertragen, machte luschdig. Manchmal.

Vielleicht war Emil Mansers Leben als Original eben nicht Kunst, sondern Kunsd. Weil seine Schreibfehler nicht Fehler waren, sondern Absicht. Bewusst gesetzt und eingesetzt. Hinweise. Erklärungen. Die Kunsd mit weichem Ende – nicht ganz dem Vorgegebenen und allgemein Gültigen vertrauend, eigenwillig und eigenständig auch hier, selbst erschaffend, wahrfragend.

Kunsd und ofd und nichd und luschdig. Konsequenz im Spruch, in sich. Ein Zeichen für etwas Versöhnliches, nicht auf den ersten Blick, nicht immer, nicht gleich. Aber zum Schluss. Ein Abgang, der nicht zischt und spritzt und dem Gegenüber ins Gesicht klatscht, sondern einer, der samtig und weich von der Zungenspitze über die Lippen kommt, sich löst – und verschwindet. Irgendwohin. ◊

Ich machte grosse Augen

ido Ruckstuhl, Personalfachmann

Vor ein paar Jahren lernte ich Emil Manser kennen. Er gehörte seit Jahren zum Quartier und häufig sah ich ihn schon am Morgen wenn ich zur Arbeit ging.

Einmal, es war an einem Sommerabend, genehmigten wir uns im damaligen Big Ben Pub zusammen ein Feierabendbier. Emil erzählte mir von sich, seine Lebensgeschichte. Später am Abend lud er mich in seine Wohnung an der Sempacherstrasse zu einem letzten Glas ein. Ich machte wohl grosse Augen, als ich sah, wie überfüllt seine Wohnung war: Plakate, Kleider, Mützen und jede Menge Krimskrams, wo ich nur hinschaute. Manchmal traf ich ihn auch beim Einkaufen, wenn er im Coop gerade eine Flasche seiner Lieblingsmarke postete. Meistens waren seine Auftritte im Laden gut inszeniert. Plötzlich stimmte er etwa ein Lied an oder begann unverhofft mit den andern Kunden zu plaudern. Mit kräftiger Stimme und ohne verlegen zu werden machte er seine Sprüche. Es war interessant zu beobachten, wie die Leute reagierten. Einige amüsierten sich, andere wussten gar nicht recht, wie sie sich verhalten sollten. Und manche waren wohl froh, wenn sie selber nicht von Emil angesprochen wurden.

Ich fand es schön, dass Emil mit seinen Sprüchen immer fair blieb. Er war zwar direkt, aber nie verletzend. Er selber wurde nie verlegen und hatte immer eine Antwort auf Lager.

In den letzten zwei, drei Jahren schrieb ich Emil immer wieder Ansichtskarten von meinen zahlreichen Velotouren nach Südamerika, Vietnam, Chile und verschiedenen europäischen Ländern. Er hatte immer Freude an meinen Grüssen und bedankte sich regelmässig dafür. Sein gutes Gedächtnis stellte er unter Beweis, indem er mich immer beim Vornamen ansprach, auch wenn wir uns manchmal längere Zeit nicht gesehen hatten. Eigentlich interessierte ich mich dafür, was Emil in seinem innersten Herzen fühlen mochte. Ich fand es aber nie wirklich heraus.

Einen Auftritt habe ich in besonders guter Erinnerung: Als er eine Militäruniform trug, auf dem Kopf einen Adventskranz und in den Armen eine kleine Spielpuppe. Ein Bild, das ich nie vergessen werde. ◊

Christoph Fischer

A WER
ERENNERET
MECH DÄ
SCHNAUZ?
Vo dem
heed mer
doch mini
Muetter
verzellt!

D' Fas-
nacht
esch
doch
scho
verbii?

1

Schmerzensmann oder Lichtgestalt?

ouis Naef, Theaterschaffender

Es war um 1990, noch bevor ich meinen Wohnsitz definitiv nach Luzern verlegt hatte, als ich dem Manser zum ersten Mal begegnete – allerdings in Bern. Ich war mitten in den Vorbereitungen für mein erstes Landschaftstheater («Romeo und Julia» auf dem Ballenberg), also besonders sensibilisiert für Geräusche, Stimmen, für Ausgefallenes und überhaupt für Menschen und ihre Bewegungen draussen auf den Strassen, in den Städten und in den Landschaften.

Zunächst war da etwas wie ein dämonischer Urlaut, eine Stimme aus der Ferne, unbändig und ungeheuer laut, wie ein dionysischer Bocksgesang im antiken Drama, der sich, durch den Trichter der Maske verstärkt, in die Arena verströmt. Ich stand am Bärenplatz. Der unheimliche, sonore Ton, der zu mir drang, bewegte sich von der Nydeggbrücke her, den Verkehrslärm übertönend, und kam immer näher. Dazu ein mächtiger Körper, der sich wild gestikulierend durch die in der Dämmerung finster gewordenen Lauben kämpfte. Was sich zunächst anhörte wie eine wilde Performance einer ausser sich befindlichen, den Skandal suchenden fremden Person, die uns als laut schimpfender Anti-Falstaff erschien, neben dem eine liebenswürdige Begleiterin ganz ruhig, unschuldsvoll und leicht betreten einherging, liess schliesslich deutlich auf eine reale Katastrophe und eine persönliche Tragödie aus dem wirklichen Leben schliessen.

Da hatte einer irgendwie theatralisch, aber keineswegs in exhibitionistischer Absicht, seine Wut und Verzweiflung in die Welt hinausgeschrieen. So laut, dass mir in der Erinnerung die Ohren immer noch weh tun. Aber mit so einer gewaltigen Stimme, die mich wie in einem (dionysischen) Sinnesrausch trotzdem betörte.

Ich habe den Manser später in Luzern an seinen Schauplätzen immer wieder beobachtet, auch von nahem wahrgenommen, aber entgegen den Erfahrungen anderer Berichterstatter fast nie ein Wort von ihm gehört – vor allem kein lautes. Wir haben nie miteinander gesprochen. Ich kannte ihn tatsächlich nur in der äusseren Erscheinungsform seiner Rollen. Wenn ich ihm dann von Zeit zu Zeit in die immer aufmerksamen, aber traurigen Augen schaute, kam es mir jeweils vor, als wolle er mir, dabei huldvoll lächelnd, sagen: Mich erwischst Du nie mehr auf so einer Wahnsinnstour wie damals in Bern!

Ich habe ihn dort als seltsamen Fremden erlebt, authentisch im Ausdruck, der in meinem Innern tiefere Schichten anrührte, indem er mich in einer Art archaischem Empfinden an die rasenden Mänaden, den Begleittross des Dionysos, erinnerte – und an den am Leiden und Sterben teilhabenden Theatergott selber, den «Gott des seligsten Rausches», von dem Walter F. Otto geschrieben hat, er sei «auch der Verfolgte, der Leidende und der Sterbende», und alle, die er lieben würde und die ihn begleiteten, müssten mit ihm das tragische Schicksal teilen.[1] Für Dionysos wurde in der antiken Vergangenheit auch ein Lied über den Bock gesungen, der ihn als Opfertier leidend vertrat. Das Lied hiess Tragodia.[2]

Der Manser als Opfertier. Der Manser als verletzte Kreatur. Der Manser als Schmerzensmann. Das sind die Bilder, die der authentische Mensch Manser seit dem Berner Erlebnis bei mir hinterlassen hatte.

Zugegeben: er schien ein Mensch mit theatralischen Zügen, dabei aber eher klein und bescheiden wirkend. Er spielte seine Rolle (sich selber) immer gern – und aus authentischem Grunde. Er gab sich, um das alte Bild zu bemühen, als Narr und Hanswurst und hatte seine Freude dran, wenn er auch so gesehen wurde. Er gehörte wie die Mimen im Mittelalter zur «unehrenhaften Zunft der niederen Schauspieler», die sich in den Kleidern des alltäglichen Lebens und mit dem Gestus der gewöhnlichen Leute zu produzieren pflegten. Er war, wie die Buffoni und Harlekins der späteren Commedia dell' Arte, ein Zwitterwesen zwischen Dämon und Komiker, zwischen Teufel und Witzbold – der vom Hellequin abstammende Teufel oder Harlekin mit seinen vielen Gesichtern: un sauvage, ein Mensch vor der Zivilisation, ein Wilder oder (auf unsere regionale Kultur übertragen): «wilde Maa», für die Luzerner der Fritschi. Von diesem wilden Typen heisst es so schön im «Roman de Fauvel»: «Da ist ein grosser Riesenmann, der brüllte furchtbar, als er kam.»[3]

1 Walter F. Otto, Dionysos, Frankfurt am Main, 1960, S.49.

2 Karl Kerényi, Die Mythologie der Griechen, dtv 1977, Band II, S.23.

3 Zitiert nach Werner Faulstich, Medien und Öffentlichkeit im Mittelalter, Göttingen 1996, S.221.

Der Narr als Gaukler hatte im Mittelalter auch eine Unterhaltungsfunktion, er war Aktionskünstler und Kommunikationsmedium, ein «Kommunikationsprofi», wie Herbert Fischer den Manser im «Kulturmagazin» beschrieben hat, der sein Spektakel ebenfalls im Alleingang absolvierte. Er zeigte sich im «schmutzigen Hemd» wie Manser im Kaput oder im weissen Kittel aus dem Spittel, er hatte das Gesicht mit Mehl verschmiert und trug eine seltsam unwirkliche Freude zur Schau, eine Freiheit der (notierten und vor sich her getragenen) Aussagen vorgaukelnd, welche die logische und normale Ordnung auf den Kopf stellte. In diesem Sinne war der Manser die getreue Kopie des aus dem niedrigen Volk stammenden Mimen und des mittelalterlichen Narren – und der Spassmacher oder Clown in ihm war seine Lebensrolle.

Heute ist man geneigt, für diese Art der Kunst den Begriff der Performance zu verwenden. Performances stehen im Zusammenhang mit der aktuellen Erlebnis- und Spektakelkultur; sie sind laut einer aktuellen Definition «kulturelle Praktiken, die erst in der Bezugnahme auf das soziale Feld, in dem sie stattfinden, verstehbar werden»[4]. Performance ist immer auch ein mehr oder weniger gelungener spielerisch-theatralischer Diskurs. In diesem Sinne mag der nicht auf Modernismen und Moden achtende Manser auch einen skeptischen Blick auf die heutige globale Welt geworfen haben. Denn er war intelligent, wie es ihm Hans Widmer bescheinigt, und hat alles, was aus seiner Sicht zu sagen war, «mit einer öffentlichen Wirkung getan, um die er sehr genau wusste.»[5]

Dass er den Disput mochte, Protest in intelligente schräge Sätze fassen konnte, öffentliche Auftritte provokativ und absichtsvoll absolvierte, würde auch ich unterstreichen. Insgesamt glaube ich aber, dass sich der Manser für sein quasi theatralisches Modell, für die eher rudimentäre Art der Inszenierungen an ganz alte, archaische, von ihm intuitiv erahnte und erfasste, in der Antike und im Mittelalter gelebte mimische Muster gehalten und daran seinen Spass gefunden hat. Auf seine Art war er ein einfacher und gescheiter Geschichtenerzähler, ganz im Sinne eines spielerischen Diskurses, der ja, wenn man den Begriff etwas genauer auseinandernimmt, «Erörterung, Unterhaltung» (franz. discours) bedeutet,

Gabriele Klein, Wolfgang Sting (Hg.), Performance, Bielefeld 2005, S.9.

Kulturmagazin, 01.2005, S.5.

oder auch die Bewegungen des «Auseinanderlaufens, Umherrennens» (lat. discursus) benennt und im Spätlatein sogar einfach «etwas mitteilen» heisst. In diesen Wortbedeutungen ist das Bewegt-Emotionale ebenso wie das Abgeklärt-Besonnene von Mansers Aktionen besonders fassbar.

Seine Auftritte waren in der konkreten städtischen Umgebung lokalisiert und zeitlich auf die aktuelle soziale und politische Lage bezogen. Manser zeigte sich demonstrativ vor den Kaufhäusern ebenso wie vor den Banken und staatlichen Gebäuden. Besonders gerne, fand ich, und so ruhig wie gelassen, stellte er sich immer wieder auf die Reussbrücke mit Blick aufs Stadttheater – an den Ort, den er sich später zu seinem Abschied und Abgang ausgewählt hat. Zwischen den kapitalen Häusern der Politik und der Finanz und im Angesicht des die Fiktionen pflegenden Theaters pflanzte er sich hin, seiner provokativen und realen Wirkung bewusst.

Mansers Art der Darstellung lag eine emblematische Form zugrunde – oder eine besonders pfiffige Umsetzung der Brecht'schen Verfremdung: Er setzte sich auf den Plätzen selber als Bild in die Wörter seiner Kartontafeln – als kommentierendes Bild. Hier waren die Kartons die Kulissen seiner «Inszenierung». Wenn er aber in der Stadt als Sandwich-Mann umherirrte, dienten ihm seine Sätze auf den Plakaten als ein zugleich schützender wie abwehrender Panzer.

Er änderte immer mal das Kostüm, aber er wechselte kaum die Rollen. Er handelte nicht als Figur. Er blieb sich selber, kostümiert und verkleidet und auch mal geschminkt. Er war ganz der Repräsentant seiner eigenen (Innen-)Welt. Vielleicht haben uns seine Plakattexte deshalb so verstört, weil er neben ihnen als Bild des Verstummens herumhing.

Warum aber hat er sich er sich auffallend häufig hinter der chaplinesken Maske zu verstecken versucht? In dieser Rolle bediente er ein erfolgreiches gängiges Klischee. Vielleicht wollte er in dieser Verkleidung einfach auf die tiefer liegende Ernsthaftigkeit des Clowns, den tragischen Leidensdruck hinter dem komischen Gesicht, hinweisen. Damit hat er uns an die Clowns-Entrées aus der Kinderzeit erinnert, an die soziale Abhängigkeit und Verachtung der Gaukler und Clowns, die sie uns in den Zirkus-Szenen selber in derbdeftiger Manier vor Augen führten. Zum Beispiel erfahren wir in der auf verschiedene Arten tradierten berühmten Rasiernummer die leidvolle Erfahrung der nicht sesshaften, fahrenden Komödianten ganz konkret und aus der Nähe: Dem Kunden wird erst einmal das Gesicht mit einer Anstreicherbürste eingeseift, dann der Kopf gestriegelt und beim Rasieren das Messer an den Hals gesetzt und ihm damit ins Fleisch geschnitten. Solche Alltagssituationen sind, mit einem Wort von Tristan Rémy, der «Zerrspiegel einer Augenblickswahrheit»[6] – so der Art und Weise entsprechend, wie uns der Manser mit seinen stummen Sätzen und mit seinem traurigen Gesicht entgegen trat.

Am liebsten aber war mir der Manser als Advent. Im abgenutzten feldgrünen Militärmantel, die Bierflasche in den mit «Händschen» eingepackten Händen und den Kerzenkranz wie die Dornenkrone auf den Kopf gepflanzt durch den kalten Dezember stampfend. Als Schmerzensmann, wenn er schrie und verzweifelt war. Als Lichtgestalt, wenn er ganz bei sich, authentisch und einfach friedlich war. Den Advent, die Hoffnung und den Frieden mit sich tragend. ◊

Tristan Rémy, Clownnummern, Köln 1982, S. 61.

1 JE WEICHER
DAS GEHIRN
JE HÄRTER
DAS HERZ
BORIS Jelzin ist in
heutiger Zeit
leider nicht einsahm

---

2 OND D'CHEND
HEND ROTI
HÖÖRLI OND
FÄRNSEH OND
MOTÖRLI

T. HELD
Pornstar
Bitch
FASHION Girl

AUDOBAHN
100
50
LS.05

3 MEINE GED-
ANKEN SIND
LANGSAM, ABER
MEIN AUDO
IST SCHNELL
Sammle für
Eichhof Nerven
BeruhigungsTee

---

4 ECH WETT
ECH WÄR
E BÄR

Selten hat er es lange ausgehalten

ans Pfister, Präsident Güüggali Zunft Luzern[*]

Anfangs der neunziger Jahre fiel uns Emil Manser erstmals auf. Im Herbst 1995 dann erschien über ihn im «Kompass» ein kurzer Zeitungsbericht, der in der Bemerkung gipfelte: «Es geht wahrscheinlich nicht mehr so lange und auch dieser Mann wird im Kreise einer gewissen Zunft der Originale aufgenommen ..!» Auf diesen Text reagierten wir – und stellten klar fest, dass ein Mann, der nur auf den Strassen herumgröle, denn dies tat Emil anfänglich unüberhörbar und regelmässig, aus unserer Sicht nicht in den Kreis der Originale passe!

Emil aber wandelte sich im Lauf der Zeit und stieg zum «Plakatmissionar» auf. Zahlreiche seiner Botschaften kamen beim Publikum an, und manche Leute bewunderten seine Spruchweisheit sogar. Oft luden wir in der Folge den «Philosophen» Manser zu unseren Anlässen mit den Stadtoriginalen ein. Selten allerdings hielt er es lange aus. Nach ein paar Bierchen verabschiedete er sich meist schnell wieder.

Für den zweiten Band der «Luzerner Originale» wollte ich ihn über sich und sein Leben befragen. Emil roch den Pfeffer bald – und dankend, aber bestimmt brach er das Gespräch ab. Dem Luzerner Chansonnier und Liedermacher Ernst Schnellmann gelang es Jahre später, Emil zu interviewen und seine unverkennbare Stimme im urchigen Appenzeller Dialekt als einmaliges Zeitdokument auf seiner Lieder-CD «Fülosofie der besonderen Art» festzuhalten.

Die nach Emils Tod von der Zunft organisierte Gedenkfeier in der Franziskanerkirche weckte eine grosse Anteilnahme. Vielen Anwesenden wurde erst da bewusst, was uns Emil auf seine ganz spezielle Art hatte mitteilen wollen. Emil wird vielen unter uns noch lange in Erinnerung bleiben. Und wer ein Original ist und wer nicht, entscheiden letztendlich nicht wir! ◊

Die Güüggali Zunft gibt es seit 1978. Sie unterstützt Luzerner Originale und hält die Erinnerung an sie aufrecht. Aber auch die Pflege der Freundschaft ist ihr wichtig. Jedes Jahr wird ausserdem eine Fasnachtsplakette herausgegeben, die einem Original gewidmet ist. Der Erlös wird für das Zunftarchiv verwendet.

Huth & Frey

1c
1b
1a
Nadeln zur individuellen Dekoration
1

Habe Emil Manser gekannt

Therese Rauch, Audiotechnikerin

14 Jahre habe ich an der damals berüchtigten Adresse Sempacherstrasse 40 gewohnt. Eines Nachts wurde die eh stetige Unruhe im Haus durch ein weiteres Ereignis verstärkt. Der neue Bewohner unter meinem Schlafzimmer zündete sich eine Zigarette an. Na und? Nun, einerseits war die Gebäudeisolation derart arg, dass der Rauch gleich zu mir aufstieg, andererseits war ich nur kurze Zeit davor einem Hausbrand entkommen und reagierte seither auf Rauch sehr empfindlich. Ich zügelte aufs Sofa im Wohnzimmer. Das wiederholte sich nun Nacht für Nacht, und Tag für Tag wurde ich wütender und auch verzweifelter. Die Lösung: das kleine Schlafzimmer zum Wohnzimmer machen, ganz ausziehen oder einfach den Verursacher vergiften? Entnervt, aber mutig entschloss ich mich dann aber, mit dem Neuzuzüger zu reden, dessen Auftritte in der Stadt ich bereits wahrgenommen hatte.

Nacht. Ich klopfe im 5. OG, und, oh Schreck, er öffnet und ich stehe einem rauchenden Hünen gegenüber. Hastig bringe ich mein Problem vor, bereit zum sofortigen Rückzug – man weiss ja, wie sowas ausgehen kann. Die befürchtete unflätige Antwort warte ich schon gar nicht ab, sondern mache gleich rechtsum kehrt. Nun sagt aber der Hüne freundlich und friedfertig: «Das tut mir aber wirklich leid, dass Sie wegen mir nicht mehr schlafen können. Selbstverständlich werde ich sofort aufhören, nachts zu rauchen, und sollte es mir wieder passieren, dann klopfen Sie sofort.» Und dann noch, er sei eben ein starker Raucher und zudem ein labiler Mensch.

Nach dieser Antwort war ich perplex. Zum ersten Mal nahm ich mein Gegenüber richtig wahr. Ein Mensch, verständnisvoll, einfühlsam, zuhörend, listig und witzig, sensibel, tolerant, aufrichtig, anständig, gradlinig, offen und ehrlich. Kurz: Ich habe Emil Manser getroffen, ich war beeindruckt.

In all den kommenden Jahren (ich zog 1997 aus) rauchte er nie mehr nachts. Dadurch hatte ich einen sehr grossen Teil an Lebensqualität zurückgewonnen. Emil Mansers Rauchverzicht, eine noble Geste, hat mein Welt- und Menschenbild mitgeprägt, auch was Clichés betrifft.

In der Folge passierte es eher selten, dass wir uns auf dem Heimweg trafen. Seine Tag-Nacht-Uhr tickte anders als meine. Wenn doch, war die Begrüssung beiderseits immer freudig und unser Meinungsaustausch im Treppenhaus zog sich jeweils recht lange hin.
Emil Manser wusste Bescheid über Ereignisse in der Stadt, der Region, schweiz- und weltweit, politisch, kulturell. Er hatte meinen vollen Respekt und meine Wertschätzung. Das erklärt vielleicht auch, dass wir uns immer gesiezt haben. Seine Auftritte habe ich fortan nicht mehr gemieden, sondern habe ihn immer kurz mit «Grüessech Herr Manser» begrüsst. Er hat dann in seiner Rede kurz innegehalten und auch mich bedächtig mit «Guete Tag, Frau Rauch» begrüsst. Einmal kam er zu mir und fragte mich leise, «Gället Sie, jetzt genieren Sie sich wegen mir?», was ich entrüstet zurückwies und ihm sagte, dass ich stolz darauf sei, jemanden wie ihn zu kennen, der so mutig durch die Welt geht. Manchmal zwinkerte er mir auch nur verschmitzt zu und ich deutete dies jeweils als «heute nehme ich die feine Gesellschaft wieder etwas auf die Schippe, aber sagen Sies niemandem.» Nach meinem Wegzug aus der Sempacherstrasse lenkte ich meine Einkaufstouren jeweils bewusst in Richtung Winkelried, in der Hoffnung, ihn dort auf einen kurzen Schwatz anzutreffen.

Habe ich Emil Manser gekannt? Wohl nur einen kleinen Teil seiner Persönlichkeit, aber bereits dafür bin ich dankbar. ◊

Habe ihn nur an zwei Orten angetroffen –
am Bahnhof und vor
dem Kino Piccolo.

Ich wusste seinen Namen nicht.

Manchmal habe ich weggeschaut.
Hätte gerne mit ihm gesprochen
habe mich nicht getraut.

Er hat mich verunsichert –

Ich wusste, dass er mehr wus

Ich habe ihm nie Geld gegeben.

Paula Troxler

Vom Sie zum Du zum Sie zum Du

Willy Ammann, Quartierpolizist

Du, lieber Emil, als Plakatträger in eigener Sache, und ich als Quartierpolizist, das ist schon eine besondere Geschichte. Vor allem in den Jahren 1992 bis 1995 gab es wegen dir ziemlich viele Reklamationen aus der Bürgerschaft. Die einen konnten den «Lärmicheib», wie sie sich ausdrückten, nicht leiden und die andern meinten fast wohlwollend, «der hätte seine Stimme ausbilden lassen sollen.» Wieviele Male musste ich dich zur Ruhe mahnen, als du wieder einmal «d'Bure heis guet» auf «pavarottische Art» in die Gegend hinausbrülltest.

Manchmal, nach dem vierten oder fünften Bier, sah ich mich gezwungen, dich abholen zu lassen, damit die geplagten Geschäftsleute und deren Personal wieder etwas Ruhe hatten. Die Stunden im Polizeigebäude, wo du dich wieder etwas erholen konntest, taten dir jeweils ganz gut. Wenn du mit mir nicht zufrieden warst, dann wenigstens mit dem offerierten «Automatenkafi».

Einmal, ich war privat unterwegs, spendierte ich dir ein Bier. Damals machten wir «Duzis» miteinander.

Dies änderte sich dann bald wieder, als du an der Pilatusstrasse, gegenüber dem Hotel Astoria, auf dem Trottoirrand Platz genommen hattest. Deine Beine ragten in die Fahrbahn hinaus, was etliche Autofahrer provozierte und ein Hupkonzert nach sich zog. Ich sagte zu dir: «Emil, stehe sofort auf und komme vom Trottoirrand weg.» Als du dich nach der dritten Aufforderung nicht bewegtest, stand ich dir für einen Augenblick auf die Füsse, worauf du sofort meiner Weisung nachkamst. Von diesem Augenblick an waren wir wieder per Sie. Zugegeben, es war eine ausserordentliche Massnahme meinerseits. Vielleicht aber, wer weiss, wurde damals ein Unfall mit negativen Folgen für dich verhindert.

Als du wieder einmal kräftig Bier getankt hattest, kurz vor einer Vollmondphase, wurdest du zum Zügelmann in eigener Manier. Im Barfüesser-Lokal nahmst du Tische und Stühle und platziertest diese auf dem Trottoir und auf der Strasse. Die anwesenden Damen waren machtlos dagegen und telefonierten deshalb der Polizei.

Meine Kollegen und ich mussten die Möbel wieder ins Lokal zurücktragen. Zwei Stühle hattest du sogar auf dem Fussgängerstreifen beim Hotel Astoria abgestellt. Das Ganze endete wieder mal im Polizeigebäude bei einem «Automatenkafi». Einige Tage später fand Emil mir gegenüber dann doch, dass er zu weit gegangen sei. Von diesem Moment an waren wir wieder per Du.

So nach und nach wurde Emil von einem Grossteil der Leute mehr und mehr akzeptiert. Er lärmte nicht mehr so fleissig herum wie früher und widmete sich noch mehr der Plakat-Schreiberei. Stolz und mit Genuss präsentierte er seine Slogans auf Plakaten, die er stets mit sich herumtrug. So mancher Spruch von ihm kam ganz gut an. Emil kannte meine Meinung, was ihn betraf. Er bekam von mir nämlich öfters zu hören, dass er nicht so dumm sei, wie er sich manchmal aufführe. Überhaupt, was heisst hier dumm. Emil Manser war manchmal viel normaler als manche sogenannten Normalen, mit denen sich die Polizei auch immer wieder abgeben muss.

In diesem Sinn, lieber Emil, rufe ich dir traurig nach: «Bhüeti Gott und machs guet!» ◊

Roland Pirk-Bucher

Wer
ANDERN eine
hat GOLD
im Mund

The (M)anser my friend

Felix Kuhn, Kunstmaler/Texter

Mit seiner Arbeit trocknete Emil Manser alle Kommunikationsspezialisten und Medienheinis ab. Er verband Inhalt und Form. Er setzte klare Mittel der Werbung ein. Er kannte sein Geschäft. Laut brüllend durch die Strassen ziehen ist wirkungsvoller als eine ganze Busflotte abscheulich zu verunstalten. Ein Adventskranz auf dem Kopf leuchtet heller als jede Leuchtreklame. Ein halbrasierter Schnauzbart zeigt mehr als hundert Seiten Werbung in der Lokalzeitung. Ein raffiniert-plumper Schreibfehler drückt manches korrekter, genauer und einprägsamer aus als ein flotter Werbetext oder ein zum x-ten Mal wiedergekautes Bibelzitat. Manser beherrschte sein Handwerk. Ohne dass er je an einer Hochschule für Kommunikation oder in einem Ausbildungszentrum für Medien gehockt wäre.

Wir haben es verpasst, den Manser zu Lebzeiten in Luzern zu packen, es uns zur Ehre zu machen, von gleicher Sorte zu sein wie er. Wir alle haben ihn nur geduldet, haben vielleicht mit ihm zusammen ein Bier getrunken, ihm einen Batzen zugesteckt oder gelegentlich eine seiner Karten gekauft. Wir haben es aber verpasst, ihn ernst zu nehmen. Mir ist nicht bekannt, dass die Literaturförderung von Stadt und Kanton ihm jemals einen Beitrag ausgerichtet hätte. Auch das Kunstmuseum Luzern hat nie Werke von ihm ausgestellt. Ja, nicht einmal unsere sonst genauen Behörden haben das subversive Treiben von Manser erfasst. «Das Tragen von Werbeplakaten auf öffentlichem Grund ist bewilligungspflichtig. Das gesteigerte Nützen des öffentlichen Grundes ist erst nach Absprache mit der Polizei erlaubt», sagt die Bolizei. Die Bolizei hat sein illegales Tun wohl nicht geduldet, sondern einfach ignoriert. Für seine letzte Straftat, das Anbringen einer Tafel am Reusssteg-Geländer, konnte er ohnehin nicht mehr belangt werden. Den Text auf seiner letzten Tafel müssen wir aber wohl oder übel ernst nehmen: Selten ist ein Mensch mit soviel Humor von uns gegangen. Luzern hat einen Künstler die Reuss runtergelassen. ◊

«Der Fremde grüsste ohne Motiv»

idi Pfäffli, Philosophin

Fremd und fern

Geschiebe
In der abendlichen Menge

Ein grundloser Gruss
Von fremder Hand

Stürzt mich hinab
Ins unbewohnte Herz

Nah und fremd

«Wäre ja auch gerne etwas Besseres!»

Li Hangartner, Theologin

Emil steht vor der Hauptpost. Menschen hasten an ihm vorbei – mit Zielen und Absichten, mit wenig Zeit, ordentlich gekleidet und gut genährt. Sie lesen sein Schild: «Wäre ja auch gern etwas Besseres!» Ja, er wäre vielleicht gerne etwas Besseres gewesen. Er mag vielleicht den Wunsch wenigstens als Versuchung gekannt haben: ein gesicherter Arbeitsplatz, Sonntagsausflüge mit Kindern, ein geregelter Alltag… Vielleicht gar gingen seine Wünsche noch viel weiter.

Aber das ist nur eine Nebenbotschaft seines Spruchs. Der unbeholfen hingepinselte Satz ist ein Spiegel, den er den Hastenden vorhält. So seid ihr, geregelt ist euer Leben. Ihr wisst, mit wem ihr essen, schlafen, reden sollt. Aber wisst ihr es denn wirklich? Der Satz ist ein anarchistisch-zärtlicher Spott auf die Hastenden. Er ist nicht aggressiv, eher traurig: Was ist denn das Bessere? Wohin hastet ihr? Verpasst ihr nicht das Leben in eurer Hast?

Der amoralische Moralist mit seinem Bier morgens um elf war ein Spötter, ein gewaltloser, witziger, ironischer Spötter. Er war nicht der in sich selbst Gefangene, der in seinen Niederlagen niemanden kennt als sich selber. Er war ein Lehrer, und er hatte eine Lehre. Die Anliegen, die Emil beharrlich durch Luzerns Gassen trug, waren von prophetischem Gehalt, ja eigentliche Strassenpredigten. Er schaute den Menschen genau aufs Maul, er prangerte an, gab zu denken, nahm die menschlichen Schwächen aufs Korn und die herrschenden Konventionen. Seine Lehre jedoch war mehr als all jene Sätze, die er als Botschaft mit sich herumtrug. Seine Existenz war seine Lehre: seine Weigerung, ein gut angepasster und funktionierender Schweizer zu sein; seine auffälligen Kleider, seine Missachtung des Satzes: Zeit ist Geld; seine Missachtung des Standards einer Gesellschaft.

Er war ein Kyniker und manchmal auch ein Zyniker, ein Proletarier unter den Philosophen. Seine Bedürfnislosigkeit garantierte ihm seine Unabhängigkeit, seine Gleichgültigkeit gegenüber den herrschenden Werten bedeutete eine Umwertung der bestehenden Anschauungen.

Wem kommt hier nicht der andere Spötter in den Sinn, der vor vielen Menschenaltern gesagt hat: «Betrachtet die Vögel des Himmels. Sie säen nicht, sie ernten nicht. Und doch sorgt euer himmlischer Vater für sie!» Nein, man kann Emils Existenz nicht beschönigen. Der himmlische Vater hat gelegentlich schlecht für ihn gesorgt. Er hat ihn hungern lassen nach einer friedvollen Welt. Vielleicht hat er ihn auch verhungern lassen dabei. Emil ist aus dem Leben geschieden wie einer, der nichts mehr zu erwarten hat. Und doch ahne ich in seinem Leben einen Reichtum, den die meisten von uns nicht einmal als Reichtum schätzen und verstehen können: Die Unbesorgtheit dem eigenen Leben gegenüber; die Freiheit von den Fesseln derer, die etwas Besseres sind. Nein, man kann Emil nicht kopieren, ebenso wenig wie man den anderen Spötter kopieren kann.

Aber er fehlt mir in unserer Stadt, jener Einhaltgebieter, der an der Hauptpost oder beim Winkelried-Coop sitzt, sein Bier trinkt, wo andere nüchtern sind; der Zeit hat, wo andere eilen; der sieht, wo andere blind sind. ◊

Manch ein cooler Typ hatte Tränen in den Augen

Peter Merz, ehem. Filialleiter Coop Winkelried

Vor etlichen Jahren, als ich meine berufliche Tätigkeit als Filialleiter im Coop Winkelried anfing, lernte ich ihn näher kennen. Aufgefallen war er mir schon früher, aber einen wie ihn als Kunden im Laden zu erleben, das war schon Neuland für mich. Immer mal wieder sorgte er für Überraschungen, die den Alltag mit einem besonderen Farbtupfer bereicherten.

Einmal arbeitete ich im Notfalleinsatz an der fünften Kasse. Emil betrat den Laden und kam bald mit einer Flasche seines «Nervenberuhigungstees» an meine Kasse. Die Dame, die vor ihm stand, begrüsste er mit ausgesuchter Höflichkeit: «Guten Tag hochehrwürdige Frau, es ist mir eine Ehre, hinter Ihnen anstehen zu dürfen.» Die Kundin war leicht irritiert und verstaute ihren Einkauf in die Tasche. Als Emil bezahlt hatte, sagte er mit seiner markanten Stimme und ziemlich laut: «Ich wünsche Euch allen einen recht schönen Tag und möchte mich bei Euch allen recht herzlich bedanken, dass ich Euch anschauen durfte.» Rundum breitete sich eine ungewohnte Heiterkeit aus.

An der Luzerner Fasnacht machte er jeweils die Passanten mit lockeren Sprüchen darauf aufmerksam, dass es vor dem Coop ganz feine Bratwürste gebe, welchen man unmöglich widerstehen könne. Selbstverständlich offerierten wir ihm darauf immer einige Grillwürste und etwas Freibier.

Es konnte aber durchaus auch unterm Jahr vorkommen, dass er bei einem Zusammentreffen vor der Kantonalbank mitten in einer Unterhaltung plötzlich innehielt und einen Live-Werbespot für «meine» Firma lancierte: «Verehrtes Publikum, dieser junge Mann leitet meine Lieblingsfiliale im Winkelriedquartier. Er ist der Chef im Coop. Gehen Sie doch den Mann mal besuchen, er hat es verdient. Aber denken Sie dran, ich werde auch dort sein, aber das macht mir nichts aus.»

Als Mr. Bush sen. zum ersten Irakfeldzug blies, war Emil vor dem Café London stationiert. Er sass auf einem Stuhl, hörte Radio, trank einen halben Liter Milch («muss doch zwischendurch auch mal die Schweizer Milchbauern unterstützen») und versorgte die Passanten ausgiebig mit den neusten News vom Krieg.

An einem heissen Sommertag im Jahr 2003 sass Emil mit seinem Kassettenrekorder vor unserem Geschäft, als es einem nicht mehr ganz nüchternen Zeitgenossen direkt vor seinem Stammplatz etwas schummrig wurde. Emil bemerkte, er solle doch noch mehr trinken, wenn er es nicht vertrage, worauf der so Zurechtgewiesene umkippte und sich anschickte, in der Rabatte vor unserem Laden seinen Rausch auszuschlafen. Nicht ohne den Schläfer zuerst noch zurechtzubetten, kam Emil in den Laden und hiess uns die Ambulanz anrufen …

Am Samstag, 7. August 2004, drei Tage nach Emils überraschendem Ableben, war die Betroffenheit und Anteilnahme im Quartier gewaltig. Ich wage zu behaupten, dass die Leute teilweise unter Schock standen. Im Laden wurde man wegen seinem Freitod laufend von Kunden angesprochen, die von Begegnungen und Erlebnissen mit ihm erzählten. Am Tag der Abdankungsfeier hatten wir am Vormittag spürbar weniger Kunden im Laden. Etwas, das ich, man verzeihe mir den Vergleich, letztmals bei der Übertragung von Lady Dianas Beerdigung erlebt hatte. Auch im Quartier war es ungewohnt ruhig.

Manch einer, den man sonst als coolen Typen wahrnimmt, hatte beim Erzählen von der Trauerfeier wieder Tränen in seinen Augen. Als Zeichen der Trauer wurden auch sehr viele Blumen an einem seiner beiden Stammplätze vor unserem Geschäft niedergelegt. Piitsch, der leider auch nicht mehr unter uns weilt, Ralf und Thomas, alles Gassenleute, schauten sehr pflichtbewusst zu diesen Blumen. Ein anderer Mann von der Gasse hatte eine weniger gute Idee: Er bediente sich bei unserem Blumenwagen vor dem Laden mit einem Sonnenblumentopf, vergass diesen aber leider zu bezahlen: Nach einer lautstarken Diskussion mit ihm nahm ich die Blume wieder mit. Emil, fand ich, könne gerne auf solche Geschenke verzichten. ◊

Sell ech ehm ächt es Gepfeli chaufe?

Aha, de Fylo-sof!

Sech so go uffüere!
Dorf dä das?

Ist das Leben ein Diagramm ?

Ja!

Es gibt Leute, die sind erst nach dem Tod etwas wert

rs Wollenmann, Sprachlehrer

Muss er eigentlich immer so krakeelen?, dachte ich des Öftern, wenn diese tragende Stimme mal wieder durch die engen Strassen hallte. Und ich hörte ihn oft, schliesslich lebe ich schon 14 Jahre im Hirschmattquartier. Sah ihn als Chaplin durch das Quartier laufen, oder, wenn die Zeit danach war, als Christus im weissen Büssergewand mit dem Adventskranz samt brennenden Kerzen. Oder wie er immer mal wieder eine seiner Kartontafeln spazieren führte – mit sinnigen, hintersinnigen und manchmal auch weniger sinnigen Texten.

In die Reuss sprang er schliesslich, eine Nachricht auf einer seiner Kartontafeln zurücklassend. Was darauf stand, wurde schon hunderte Male kolportiert und gehört mit zur Legendenbildung: Krebs – wählte Abkürzung in den Himmel. Hätte man eine Autopsie vorgenommen, ihn also auseinandergeschnipselt, ausgeweidet, wäre man vielleicht auf etwas anderes gekommen. Vielleicht. Aber Autopsien, glaube ich, werden nur bei offensichtlichen Kriminalfällen vorgenommen oder bei Menschen, die was galten im Leben.

Emil Manser, ein Mann von grossem, um nicht zu sagen mächtigem Körperbau mit der passenden Stimme dazu, galt nichts im Leben. Denn hier ist es so wie andernorts auch (also nichts Besonderes und auch kein Grund, auszurufen): Gelten tut man nur was, wenn man etwas hat, etwas Materielles, etwas, das man zählen, bilanzieren oder zumindestens taxieren kann. Wenn sie ihn angetroffen haben, sind ihm fast alle aus dem Weg oder möglichst schnell weiter gegangen. Denn schliesslich hatte er etwas Beunruhigendes: Er fiel nämlich auf in dieser kleinen ruhigen Stadt. Und das ist ja schon einiges. Hier, wo sich jeder gefälligst so zu benehmen hat, wie es unsere vielen einengenden Regeln und Gesetze vorschreiben.

Hier reicht es ja schon, wenn man bei Orange noch über die Strasse springt. Schon glaubt irgend so ein Bünzli, er müsse Polizist spielen. Natürlich schimpft er im Rücken des Sünders. Wenn einer dieser Zurechtweiser es einem wenigstens ins Gesicht sagen würde.

Aber dazu sind sie zu feig. Wie ich auch. Auch ich bin ja möglichst schnell weitergelaufen, wenn die krakeelende Stimme mal wieder in Aktion war, denn eigentlich ist es doch peinlich, dachte ich.

Mit der Polizei, so hörte ich, hatte er ein gutes Einvernehmen. Eigentlich. Denn wirkliche «Lämpen» habe er ja selten gemacht. Und so hat man ihn in Ruhe gelassen. Was wiederum für die Liberalität spricht, die hier gelebt wird. Ich war längere Zeit in Russland. Dort wäre so einer noch und nöcher auf dem Posten gelandet und dann eher früher als später definitiv in irgendeine Korrektionsanstalt eingeliefert worden. Hat man bei uns früher ja auch gemacht.

Emil Manser ist also längst tot – und nun wird kräftig an seinem Ruhm gestrickt. Für mich hat das einen schalen Nachgeschmack.

Es gibt Leute, die sind erst was wert, wenn sie tot sind. Aber in die gleiche Reihe gestellt zu werden wie ein Schubert, das ist doch was. ◊

Ein echter Clochard

sanne Schmid, Studentin

Die Besten gehen zuerst. Der Gedanke war wieder mal da, als ich von Emil Mansers Tod erfuhr. Emil war für viele Jahre der Freund einer guten Freundin von mir. So habe ich ihn kennengelernt.

Emil war ein ganz besonderer Mensch – ein Lebenskünstler, ein Paradiesvogel. Hätte er in Paris gelebt, wäre er gewesen, was man einen Clochard nennt. Ein echter Clochard ist nicht einfach ein Obdachloser oder ein Bettler ohne Lebenssinn. Er ist jemand, der aufgrund seiner inneren Überzeugungen eine ganze Stadt zu seinem Lebensraum macht. Jemand, der freiwillig am Rand und gleichzeitig inmitten einer Gesellschaft lebt. Er ist überzeugt von Wertvorstellungen und Idealen und lebt diese Philosophie an jedem Tag.

Emil Manser war ein Mensch mit einem grossen Allgemeinwissen – und er war weise. Und erst sein grosses Herz! Er bleibt gegenwärtig für alle, die ihn liebten. ◊

Emil und ich

Habakuk (Kurt Habermacher), IV-Rentner

Unsere allererste Begegnung fand in der geschlossenen Aufnahme von St. Uhu statt. Als ich kam, war er schon da… typisch Emil!

Er sass in dem kleinen Kabäuschen, das sich Raucherraum schimpfte, und brütete wohl hinter seinem lauwarmen Kafi über seinen Sinn des Lebens.

Er war der einzige, der immer genug Zigaretten hatte und wurde deshalb auch dauernd danach gefragt. Ich hab ihn nie Nein sagen hören. Ich habe ihn überhaupt fast nie reden hören: Er hatte Null Mitteilungsbedürfnis – jedenfalls solange er in der Klinik war.

Wenn er nicht im Raucher sass, lag er im Bett, regungslos, und starrte an die Decke. Abwechslung gabs nur, wenn seine Freundin zu Besuch kam; da leuchteten seine Augen auf und zeigten seinen Stolz und seine Freude. Und eine weitere Stange Brunette Doppelfilter wanderte in seinen Wandschrank! Er hielt nichts von der Regelung, nach der jeder Patient nur ein Päckli Zigis pro Tag zugeteilt bekam. Das liess er sich stillschweigend nicht bieten. Ich fand ihn auf Anhieb sympathisch.

Seine Freundin kam öfters zu Besuch. Deshalb hatte er auch Schoggi in Hülle und Fülle in und auf dem Nachttischchen liegen, was wir natürlich zu schätzen lernten.

Irgendwie war er von uns allen der Traurigste. Wir spürten förmlich, wie er litt und wie er sich durch den Tag quälte. Ich dachte mir, dass er wohl 'ne Depression durchmachte.

Dann sah ich ihn später mal als Plakat durch die Gassen ziehend die Neustadt unsicher machen. Und wie er dann jeden Tag auf dem Vorplatz der Kantonalbank Stellung auf einem lecken Kübel bezog, neben sich das neuste Plakat und ebenso plakativ die Bierflasche in Griffweite.

Nach rund einem Jahr fragte ich mich langsam: Haben die aber Nerven! Man sah ganz deutlich, dieser Mann lässt sich nicht so schnell vertreiben. Trotzdem schien es die Pilatusstrassenlobby schliesslich doch noch geschafft zu haben, ihm das Sitzen dort zu verleiden …

Von da an war er mehr in der Winkelriedstrasse zu sehen – wie er seine Prozessionen fortsetzte und schlussendlich vor dem Coop wieder ein Plätzchen zum Verweilen fand.

Aber er machte auf mich auch dort keinen glücklichen Eindruck. Es war demonstrierte Verzweiflung über die Gleichgültigkeit und Kälte der Menschen gegenüber ihren Mitmenschen.

Zuletzt hat er sich noch die Mühe gemacht und uns ein Abschiedsplakat hinterlassen. Wir können uns daran die Zähne ausbeissen oder uns so lange dahinter verstecken, bis niemand mehr fragt: «Bin ich etwa nicht auch schuld daran?»

Ciao, Emilio, mein Freund. ◊

«Bitte Kopf schütteln»

lvia Strahm Bernet, freischaffende Theologin & Publizistin

Man braucht es mir nicht zweimal zu sagen. Ich bin trainiert. Ich tue es freiwillig. Jeden Tag, mindestens einmal. Manchmal häufiger. Meist alleine. Leider. Verboten ist es nicht, nur nutzlos. Das Kopfschütteln erzeugt keine Reime, nicht auf mich, nicht auf die Welt. Da kann ich schütteln wie ich will.

Kopfschütteln kann man ernten. Wie Früchte. Man braucht nur alles etwas durcheinander zu bringen. Auseinander zu nehmen und neu zusammenzusetzen. Das reicht schon. Gedanken aufstellen wie Dominosteine und antippen. Das ergibt die eigenwilligsten Muster. Man muss etwas verrückt sein, um sie zu verstehen.

Kopfschütteln ist nicht gleich Kopfschütteln. Richtiges Kopfschütteln ist eine Frage des Charakters. Nicht alle besitzen einen. Manche verstecken ihn und vergessen, wo sie ihn versteckt haben. Das passiert leicht. Ihn wiederzufinden kann ein Leben ausfüllen. Aber man hat ja nie Zeit.

Es gibt Kopfschüttler, denen ist der Kopf schwer und fällt immer wieder auf die Brust. Man nennt es nicken. Alles andere ist zu anstrengend.

Es gibt Kopfschüttlerinnen, denen ist der Kopf nur im Horizontalen beweglich, ein dauerndes Hin und Her. Zum schwindlig werden. Manchmal wird ein Nein daraus. Unverständnis ist, was den Kopf in Bewegung hält. Mangelnde Einwilligung in das Gegebene. In das Unvermeidbare. Die Realität eben. In der Regel bleibt es dabei. Der Kopf ist beweglich, aber die Füsse gehen ihren gewohnten Gang. Irgendwie weiter. Was solls. Nicht zum Aushalten unverständlich ist vieles. Man ist nicht da, dies zu ändern.

Kopfschütteln ist anstrengend. Nicht jeder besitzt die nötige Kondition. Hat man einmal damit begonnen, hört man nur schwer wieder auf. Die Gründe liegen nur so herum. Türmen sich zu Hindernissen. Man muss gehörig schütteln, um mit dem Kopf eine Lücke zu schlagen. Ohne Kratzer geht es nicht. Man kann sich den Kopf einschlagen dabei. Besser den eigenen. Alles in allem. Aber besser für wen?

Kopfschütteln ist die sanfteste Form der Anarchie. Manchmal dauert sie nur Sekunden. Das ist nicht nichts. Unordnung ist aller Veränderung Anfang. Der kleinste Riss im Gedankenhaus genügt, um sich zu erinnern, dass nichts fest ist. Nicht für immer. Hält Gewohnheit das Ganze zusammen, herrscht schnell Einsturzgefahr. Manchmal ist es gut so. Dass es zusammenfällt. Neue Möglichkeiten fügen sich zusammen. Das Lückenhafte bleibt.

Kopfschütteln ist eine ernste Sache. Wenn man es ernst nimmt. Meist ist es ein Reflex. Zu schnell da, zu schnell wieder weg. Wie man selbst. Das kleine Loch im Selbstverständlichen rasch gestopft. Mit Routine. Der läuft man hinterher wie ein Hund.

Kopfschütteln ist ein Witz. Schlussendlich ist es ein Witz. Die Welt gerät nicht ins Wanken. Nur man selbst. Es ist zum Lachen. Könnte man doch stattdessen die Welt schütteln. Nicht damit alles einstürzt. Nur neue Muster sollen sich zeigen. Der Wind soll hindurchfahren, das Wunder soll endlich geschehen.

Kopfschütteln kann man verschenken. Wie ein kostbares Gut. Als Etüde, als Vorübung für das eigentliche Spiel. Das Ernst verlangt und das Gute will. Und ohne Lachen nicht auszuhalten ist.

Emil Manser hat sie komponiert, die Etüden für Kopfschüttler. Damit wir die Leichtigkeit nicht verlieren im Schweren. Die Komik erinnern im Ernst und, wo es Not tut, zum Schluss ein Nein zustande bringen. ◊

Darf's auch
ausserhalb
Fasnacht
ein Späsßchen
sein

Radio Müsli
Emil M.

SCHIFF
Habe nicht viel Niveau Aber viel
Nivea Creme

Lieber
Ehrfurcht
als
Angst

Doubeli
seid
nett unter
Doubeli
Weisse
und
Weihse
ist...
Das-SeLBE...
Habe
gedenckt
sie tenken
auch
NICHDS
Die Lurt
Bin
Hilvslehrer
in Sonter-
schule
„duzis" nur gegen
Bargeld!

Toleranz
offenheit
Aller oder
der RECHT-
staat wird
immer
RECHtER

PRETRE
UHREN BIJOUTERIE
Moneta
HABE
BETRIEBS
FERIEN
mein Geld
arbeitet bei
Kantonal Bank

Wer mir Für
meine Meer-
Säuli 75.–
Rappen hat
darf mir auf Wunsch
DU
sagen

Goofe Patei:
viel
früher Kinder-Partei (Früher)
unsere Zeitungen
Langweilig. Zuständig
für Menschen
Im
Mutter-Land
und
Vater-Land
Warum zu „Süd-
Appenzeller" was
Was man Deutsch-
sprachig auch haben
kann. Probleme: viele
Fäuste. Wiedehsehn Nazi
eilt nicht!

«Badzeli oder ich ‹singe›»

n Ideen, Projekten und Reaktionen

e sich Emil Manser selber nannte:

Bruder Emil

Chöubibueb

Stadtschreier

Stadtstreuner

Mansiskus Parasitikus

Pfarrer Maati[1]

Fülosof

Hosli

Maler Manser

Nilper[2]

Bruder Nobody

Fräulein Philosophin Emil Manser

Emil Mansers zweiter Vorname war Martin

In einem Bundesgerichtsentscheid von 1992 über eine Beschwerde des Ausbrecherkönigs Walter Stürm, der einen Untersuchungsrichter als «Nilper» bezeichnet hatte, steht: «Was mit diesem Wort gemeint ist, weiss man nicht und kann auch dahingestellt bleiben». Gemäss Auskunft eines jungen Appenzellers wurde das Wort in seiner Schulzeit im Sinn von «Webstübeler», «Hanswurst», «Tubel», «jemand mit einer langen Leitung» gebraucht.

Hühner für eine bessere Welt

Bruder Rollmag alias Walter Meyer

Was mich mit Emil Manser über Jahre verband: Wir hatten den gleichen Hausarzt und den gleichen Beruf.

Vom Arzt hörte ich irgendwann in den Achtzigerjahren, dass er einen Patienten habe, dem es psychisch nicht so gut gehe. Er meinte, dass der Mann durch eine Beschäftigung in seinem Selbstvertrauen gestärkt und von seinen Problemen abgelenkt werden könnte. So ergab es sich, dass ich es als Inhaber eines kleinen Malergeschäftes des Öfteren mit Emil zu tun bekam.

Aus welchem Grund mich Emil nur Rollmag (mein Firmenname), oder eben Bruder Rollmag nannte, konnte ich nie ergründen – ist doch mein eigener Name kein Zungenbrecher und zählt zu den drei häufigsten der Schweiz. Vielleicht war er ihm zu banal, wer weiss. Auf jeden Fall konnte ich im Lauf der Jahre einen ganzen Ordner mit Briefen anlegen, die mir Emil unter dieser Anschrift schrieb. So bekam ich ein wenig Einblick in sein Inneres.

Zu Anfang hielt ich es für eine Masche, wenn er sich über die Ungerechtigkeiten in der Welt ausliess. Mit der Zeit wurde mir klar, dass er wirklich darunter litt und oft standen ihm Tränen im Gesicht, wenn er sich in Fahrt redete, zum Beispiel über den Hunger in der Welt und die vielen Kinder, die dadurch sterben müssen. So wuchs in seinem Kopf ein Plan, der zur fixen Idee wurde – quasi ein Perpetuum mobile gegen den Hunger.

Aus einem Brief ans Strasseninspektorat

Wir beabsichtigen Trockenbrot aus privaten Haushaltungen einzusammeln. Für Tiere. Wir ersuchen um Bewilligung um an geeigneten Plätzen Containerli aufzustellen.

Es hörte sich aus seinem Munde sehr simpel an: Brot sammeln von der Überfluss- und Wegwerfgesellschaft und es den Hühnern verfüttern – das gäbe Eier und Fleisch, sprich Nahrung für die Hungernden!

Mit dieser Idee lag er nicht nur mir in den Ohren. Aber für seine Pläne brauchte er Geld. Irgendwie mussten die von Behindertenwerkstätten herzustellenden Brotcontainer finanziert werden. Emil konnte nicht begreifen, dass ich kein Geld locker machen wollte und reagierte sehr unwirsch, wenn ich meine Bedenken zu seinem Projekt kundtat.

Dass er die Sache gleich schweizweit durchziehen wollte, versteht sich. Die andern Länder würden dann dieses Modell schon kopieren!

Wer denn die Brotcontainer aufstellen bzw. leeren sollte, versuchte ich einzuwenden. Aber auch darauf hatte Emil eine Antwort: Die Arbeitslosen sollten eingebunden werden in dieses Projekt, auf allen Stufen. Das hiess gemäss Emil: Brot einsammeln, verwerten und verfuttern, Eier einsammeln, Hühner schlachten, verkaufen usw.

Es war an einem heissen Frühlingstag in den Neunzigerjahren, als mich Emil aufsuchte und mich eindringlich bat, ihn in einer ganz wichtigen Angelegenheit ins Luzerner Hinterland zu fahren, da er dort etwas holen müsse. Was, wollte er mir nicht verraten. Zuerst versuchte ich ihn unter dem Vorwand arbeiten zu müssen, abzuwimmeln. Aber er bettelte inständig, versprach gar, die Kosten fürs

ntwort der Migros auf eine Anfrage von Emil Manser

Sehr geehrter Herr Manser

Besten Dank für Ihren Brief.

Leider sehe ich keine Möglichkeit einer Zusammenarbeit. Anfallendes Altbrot wird bei uns schon heute in Ihrem Sinn weiter verwendet.

Mit freundlichen Grüssen

MIGROS-GENOSSENSCHAFTS-BUND
der Präsident
der Verwaltungsdelegation

J. Kyburz

Benzin oder den Verdienstausfall zu übernehmen, so wichtig sei das für ihn. Meine Neugier stieg, und in Gedanken liebäugelte ich mit einer Fahrt ins Blaue an diesem schönen Tag. So sagte ich zu ihm: «Wenn du mir verrätst, worum es geht, fahre ich dich!» «Versprochen, Rollmag – egal, was wir dort holen?» «Mein Wort gilt», antwortete ich. Da zog er ein Zeitungsinserat aus dem Sack, in dem stand: Küken zu verkaufen – Fr.3.50 per Stück. «Ja wo willst du denn hin mit denen?» «Ich habe Land gepachtet», sagte er. Wo, wollte er mir nicht verraten. Aber er schwor, dass es wahr sei.

So fuhren wir ins Luzerner Hinterland, durch Dörfer und Weiler, von denen ich noch nie gehört hatte. Ich wusste gar nicht, wie gross der Kanton Luzern ist. Als Kopilot war Emil keine Hilfe. Aber nach mehrmaligem Fragen gelangten wir schliesslich doch noch zum gesuchten Bauernhof.

Der Bauer kam und führte uns, als Emil den Grund unseres Besuchs nannte, in den Hühnerstall, wo eine grosse Zahl von Küken herumspazierte. Bei ihrem Anblick stutzte Emil kurz und es entfuhr ihm, ziemlich enttäuscht: «Ich dachte, die sind weiss!» Als er aber die erschreckten Augen des Bauern sah, fügte er versöhnlich hinzu: «Dann gibt es halt braune Eier. Ich nehme 40 Stück, aber nur für je drei Franken.» Dem Bauern war es recht – und so fingen wir schnell einmal 20 Hühnchen, die in eine Bananenschachtel gesteckt wurden. Für die restlichen 20 aufgescheuchten Küken brauchten wir etwas länger. Immerhin waren Emils grossen Hände dabei von Vorteil.

Aus einem Brief an Emil Mansers Hausarzt

ich brauche Fr. 5000.–
(funftausend) um die
Boschung ~~an~~ an der Bleicherstrasse zu bewirtschaften.

Mit zwei vollen Bananenschachteln (mit vielen Luftlöchern) sowie einem über das ganze Gesicht strahlenden Emil lenkte ich das Auto wieder Luzern entgegen. Jetzt insistierte ich, dass ich wissen müsse, wo unser Ziel sei. Er dirigiere mich dann schon, meinte Emil. Schliesslich bogen wir in die Neustadtstrasse ein und hielten bei der Bahnbrücke. Auf meine erstaunte Frage erklärte er mir, dass er von den SBB ein Stück Bahnböschung gepachtet habe.

So trugen wir die zwei Schachteln unter die Brücke, wo ich verwundert feststellte, dass da weder ein Hühnerhaus stand, noch irgendetwas eingezäunt war. Immerhin lag eine Rolle Maschendrahtzaun am Boden und Emil erklärte mir, dass er nun sofort einen Zaun aufstellen werde.

Aber die 40 Küken, die unter der Hitze litten, mussten meiner Meinung nach so rasch wie möglich an die frische Luft. Das sah auch Emil ein und so kippte er kurzerhand die beiden Kartons auf den Boden. «Bist du verrückt!», entfuhr es mir, aber er meinte nur: «Jetzt können sie fressen, was ihnen passt.» «Aber du kannst doch die Hühnchen nicht einfach so laufen lassen!» Auch das begriff er, aber er könne wegen der bevorstehenden Pfingsttage den Hag jetzt nicht aufstellen. Deshalb werde er hier bleiben und aufpassen, vor allem, dass keines auf die Bahngeleise falle.

twort der SBB auf ein Gesuch von Emil Manser

Sehr geehrter Herr Manser

Bezugnehmend auf Ihr Schreiben vom 1.7.92 teilen wir Ihnen mit, dass Sie die Böschung an der Bleicherstrasse nützen können. Der bisherige Pachtvertrag wurde durch den Pächter gekündigt. In diesem Jahr können Sie die Böschung gratis nützen, mit der Bedingung, dass die Böschung innert nützlicher Frist gemäht wird. Vor Beginn der Bewirtschaftung bitten wir Sie, sich mit dem Bahnmeister Luzern, Herr Gisler, Tel 21 32 03 in Verbindung zu setzen. Der Abschluss eines Pachtvertrages ab 1993 wird der Bahnmeister noch mit Ihnen besprechen und erfolgt dann später.

Wir hoffen, Ihnen vorerst gedient zu haben.

Mit freundlichen Grüssen

HAUPTABTEILUNG BAU KREIS II
Bauregion 3 Luzern

So verliess ich ihn und brachte gegen Abend eine Luftmatratze, einen Schlafsack, eine Wolldecke, eine Lampe und etwas zu essen, das mir meine Frau mitgegeben hatte. Sichtlich freute sich Emil auf seine Biwaknacht.

Nach zwei Tagen kamen erste Telefonanrufe von besorgten Anwohnern. Sie machten mir Vorwürfe wegen der armen Tierchen, die jedes Mal erschrecken würden, wenn ein Zug komme. Und einer wollte sogar gesehen haben, wie ein Zug ein Küken überfuhr. Anhand der Autonummer, die jemand abgelesen hatte, als ich Emil zu essen brachte, hatte man meinen Namen herausgefunden – und gedacht, ich sei der verantwortliche Eigentümer.

Emil machte keine Anstalten, den Hag zu erstellen. Nur nachts, wenn die «Kleinen» schliefen, getraute er sich, sie zu verlassen. So irrte er eines Abends barfuss bei strömendem Regen in der Stadt herum. Da er zudem etwas verwildert aussah, fiel er einer Polizeipatrouille auf, die ihn umgehend auf den Posten mitnahm. Da er dort von seinen kleinen Kindern sprach, die er unter der Brücke hüten müsse, sah man Grund genug, ihn einstweilen auf dem Revier zu beherbergen. Tags darauf wurde sein (amtlicher) Beistand informiert. Dieser entschied, dass sich Emil in St. Urban ein bisschen erholen solle. Mir beschied er telefonisch, ich sollte doch so freundlich sein und die Hühnchen abholen, da ich ja nach Emils Angaben sein Partner sei.

Aus einem Brief an Frau R.

Wir wissen mit unserem Reichtum noch nicht so recht etwas anzufangen. Mit der Armut auch nicht.

~~Wer von Freiheit redet~~

Wenn ich an Freiheit denke, denke ich auch an Hühner.

Da ich mich aber definitiv nicht mit Hühnern abgeben wollte, musste ich einen Abnehmer suchen. Zum Glück kannte ich einen Bauern, dem ich die ganze Geschichte erzählte. Er schaute mich gross an und fragte, was er denn mit den Tieren sollte. Ich wusste nicht, was antworten – ausser, dass er sie gratis haben könne, allenfalls gegen ein paar Eier, wenn es denn soweit sei. Aber erst einmal müssten sie weg vom Bahngelände. Als er meine Ratlosigkeit sah, hatte er Bedauern und akzeptierte mein Angebot.

Bei Einbruch der Dunkelheit stieg ich mit meiner Frau, ausgerüstet mit Bananenschachteln und Taschenlampe, die Bahnböschung hinunter. Dort fanden wir ein dicht zusammengedrängtes Häufchen Küken. Es gelang uns, die erste Hälfte ziemlich rasch einzufangen, aber mit dem wilden Rest wurde es schwieriger. So brachten wir eine erste Fuhre zum Bauern, bevor wir uns den übrigen Hühnern zuwandten. Ein wenig beruhigt, hatten sie sich in der Zwischenzeit wieder zu einem Häufchen zusammengefunden. Aber als wir die ersten paar in der Schachtel hatten, beschlossen die letzten, Widerstand zu leisten und stoben auseinander. Jetzt mussten wir eine List anwenden. Wir löschten die Taschenlampe jeweils für eine Weile und beim Wiederanzünden gelang es uns, die Überraschung auszunützen und wieder eines einzufangen. Es wurde zehn Uhr nachts, als wir unter Gelächter die letzten zwei geschnappt hatten. Gelächter deshalb, weil ich Spass daran gefunden hatte, die Lampe auszuknipsen, kurz bevor meine Frau ein Küken erhaschen konnte. So griff sie stolpernd ins Leere: Eins zu Null fürs Küken!

Kurz darauf hatten wir endlich zweite Schachtel beim Bauern abgeliefert und fuhren wieder Luzern zu, um uns in die eigenen Federn zu legen. Noch im Traum haschte ich nach den Viechern. Gerade, als ich wieder zwei der kleinen Bällchen in den Händen hielt, erwachte ich. Meine Frau schlief friedlich neben mir und atmete tief.

So endete Emils Traum von der Hühner-Weltverbesserung – und später lachten wir noch ein paar Mal darüber. Als er mir dann einige Zeit später mit dem Kauf eines Esels in den Ohren lag, hatte ich kein Musikgehör mehr. Ich weigerte mich starrsinnig, begleitete ihn aber auf den Sonnenberg zu einem Fototermin. Aber das ist eine andere Geschichte. Immerhin gibt es hübsche Bilder von den beiden, Eseln, mein ich. ◊

Brief an Bruder Rollmag (Walter Meyer)

Lieber Bruder Rollmag,
Mit den Hühnern hast du das einzig richtige gemacht. (Vom Gelände entfernt.) Herzlichen Dank. Ob wir die Hühner verkaufen musst Du entscheiden. Wenn möglich nicht an ~~Fa~~ Eierfabrik d.h. Batterie.

Grüsse
Bruder
Nobody

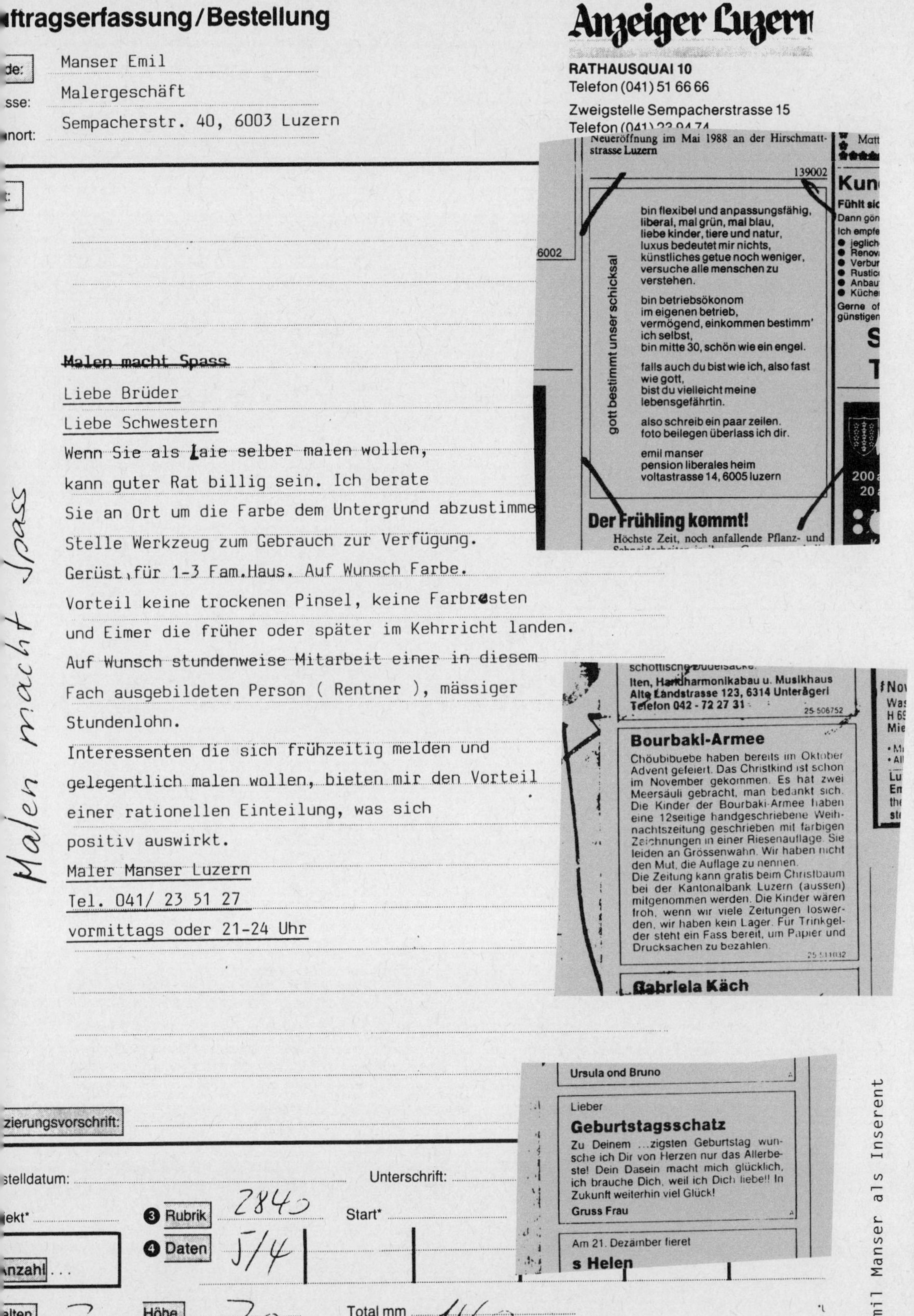

…ftragserfassung/Bestellung

Anzeiger Luzern
RATHAUSQUAI 10
Telefon (041) 51 66 66
Zweigstelle Sempacherstrasse 15
Telefon (041) 23 94 74

…de: Manser Emil
…sse: Malergeschäft
…nort: Sempacherstr. 40, 6003 Luzern

~~Malen macht Spass~~

Liebe Brüder
Liebe Schwestern
Wenn Sie als Laie selber malen wollen,
kann guter Rat billig sein. Ich berate
Sie an Ort um die Farbe dem Untergrund abzustimme…
Stelle Werkzeug zum Gebrauch zur Verfügung.
Gerüst, für 1-3 Fam.Haus. Auf Wunsch Farbe.
Vorteil keine trockenen Pinsel, keine Farbresten
und Eimer die früher oder später im Kehrricht landen.
Auf Wunsch stundenweise Mitarbeit einer in diesem
Fach ausgebildeten Person (Rentner), mässiger
Stundenlohn.
Interessenten die sich frühzeitig melden und
gelegentlich malen wollen, bieten mir den Vorteil
einer rationellen Einteilung, was sich
positiv auswirkt.
Maler Manser Luzern
Tel. 041/ 23 51 27
vormittags oder 21-24 Uhr

Malen macht Spass

Neueröffnung im Mai 1988 an der Hirschmatt-strasse Luzern

139002

gott bestimmt unser schicksal

bin flexibel und anpassungsfähig,
liberal, mal grün, mal blau,
liebe kinder, tiere und natur,
luxus bedeutet mir nichts,
künstliches getue noch weniger,
versuche alle menschen zu
verstehen.

bin betriebsökonom
im eigenen betrieb,
vermögend, einkommen bestimm'
ich selbst,
bin mitte 30, schön wie ein engel.

falls auch du bist wie ich, also fast
wie gott,
bist du vielleicht meine
lebensgefährtin.

also schreib ein paar zeilen.
foto beilegen überlass ich dir.

emil manser
pension liberales heim
voltastrasse 14, 6005 luzern

Der Frühling kommt!
Höchste Zeit, noch anfallende Pflanz- und

Iten, Handharmonikabau u. Musikhaus
Alte Landstrasse 123, 6314 Unterägeri
Telefon 042 - 72 27 31

25-506752

Bourbaki-Armee
Chöubibuebe haben bereits im Oktober Advent gefeiert. Das Christkind ist schon im November gekommen. Es hat zwei Meersäuli gebracht, man bedankt sich. Die Kinder der Bourbaki-Armee haben eine 12seitige handgeschriebene Weihnachtszeitung geschrieben mit farbigen Zeichnungen in einer Riesenauflage. Sie leiden an Grössenwahn. Wir haben nicht den Mut, die Auflage zu nennen.
Die Zeitung kann gratis beim Christbaum bei der Kantonalbank Luzern (aussen) mitgenommen werden. Die Kinder wären froh, wenn wir viele Zeitungen loswerden, wir haben kein Lager. Für Trinkgelder steht ein Fass bereit, um Papier und Drucksachen zu bezahlen.

Gabriela Käch

Ursula ond Bruno

Lieber
Geburtstagsschatz
Zu Deinem …zigsten Geburtstag wunsche ich Dir von Herzen nur das Allerbeste! Dein Dasein macht mich glücklich, ich brauche Dich, weil ich Dich liebe!! In Zukunft weiterhin viel Glück!
Gruss Frau

Am 21. Dezämber fieret
s Helen

…zierungsvorschrift:

…stelldatum: Unterschrift:

…ekt* ③ Rubrik 2840 Start*

④ Daten 5/4

…nzahl …

…alten 2 Höhe 70 Total mm 140

Emil Manser als Inserent

… und immer wieder Einfälle und Projekte

>> Mit einem wenig diskreten Auftritt im Astoria wurde Emil zum öffentlichen Ärgernis. Er gackerte im Restaurant wie ein Huhn. Als die Ordnungshüter eintrafen und ihn zur Rede stellten, setzte er noch eins drauf, indem er demonstrativ das Wasser einer Blumenvase austrank. ◊

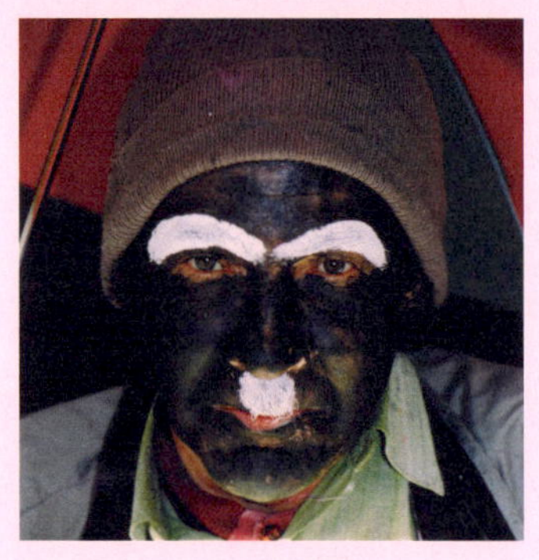

Anfangs der Neunzigerjahre wollte Emil ausgediente Militäruniformen sammeln und in einer «günstigen Lagerhalle» einmotten. Im dritten Jahrtausend, so glaubte er, würde es dafür bestimmt eine Verwendung geben. Natürlich liesse sich so eine Idee nicht ohne Spenden verwirklichen. Zweistellige Millionenbeiträge, so versprach er, würden in einer Tageszeitung auf seine Kosten verdankt werden. ◊

us einem Brief an den Chefarzt der Klinik St. Urban

Sehr geehrter ~~Herr~~ Doktor Fleischhauer
lieber Bruder Jörg,
ich bin nicht Jesus Christus
sondern Emil Martin. Ich bin Bauer Metzger
Buchdrucker, Maler Maurer Gerüstmonteur
Philosoph Schriftsteller Psychologe
und Psychiater.

und Rentner

Aus einem Brief an die Luzerner Zeitungen

Im Auftrag Gottes muss ich ein Heftli schreiben über Volksverblödung und Konsumterrorismus. Und wie und was wir in Zukunft besser machen können

>> Emil Manser, dem Appenzeller mit urkatholischen Wurzeln, machte es nichts aus, hin und wieder eine Kirche von innen anzuschauen. In der Franziskanerkirche suchte er sogar einmal den intimen Raum eines leeren Beichtstuhls auf. Er tat das nicht als reuiges Beichtkind, sondern setzte sich auf den Platz des Beichtvaters. Als er dann, wohl um sich ganz heimisch zu fühlen, eine Zigarette anzündete und ein Räuchlein ihn verriet, wurde das Ganze ruchbar. Ein Sakristan machte kurzen Prozess und wies ihm die Türe. Mit schlitzohrigem Lächeln gehorchte Emil aufs Wort. ◊

Aus einem Brief an Emil Mansers Hausarzt

Wir haben ~~5 Milliarden Menschen und~~ Billionen Lebewesen wovon fünf Milliarden Menschen und ca. eine Milliarde Rindvieh. Ein einzelner Mensch hat also weniger Bedeutung als eine Filzlaus.

Wieder mit der Polizei zu tun bekam es Emil, als er sich ausgerüstet mit Gartenwerkzeug und einer Schubkarre daran machte, unweit der Hauptwache einen Baum zu fällen. Als ihn ein Polizist zur Rede stellte, schob er sich seelenruhig ein Sandwich in den Mund – und blieb stumm. Und Augenblicke später, auf einen zweiten Anlauf des Polizisten hin, biss er in einen Apfel, statt zu antworten. Er habe eben gerade Pause gehabt, meinte er lakonisch, als er kurze Zeit später auf dem Posten gefragt wurde, warum er zuvor keine Auskunft gegeben habe. ◊

us einem Bettelbrief aus der Klinik St. Urban

Für Zigaretten, Kaffe und
Kuchen mangelt es oft an Geld
bei mir und bei Kollegen.
Starte nun die Aktion Sorgen-
kind. Mit Fr. 10.-- können Sie
ein Kind tagelang glücklich
machen. Lege ein an mich adressie-
rtes Frankiertes Retour-Couvert
bei. Werde Sie ins Gebet einschliessen
Man betet ja gern.

Im Dezember 1992 bekam «Bruder Werner Schnieper», damals Baudirektor der Stadt, einen einigermassen resignierten Brief aus dem «Hauptquartier von Emils Bourbaki-Armee». Es ging in dem Schreiben – wohl ein letztes Mal – um Emils aktuelles Projekt, im Vögeligärtli bei der Zentralbibliothek Schafe zu halten. «Wir sind müde, sehr müde», schrieb Manser dem Stadtrat. Und über das, was seit seinem Gesuch beim «Marschall» der Stadt geschehen sei, könne man einen Roman schreiben. ◊

>> Es muss kurz nach der Jahrtausendwende gewesen sein. Emil hatte wieder einmal Randale gemacht und weilte, nicht aus freien Stücken, als Gast in der Psychiatrischen Klinik des Kantonsspitals. Im Spital, so liess sich später rekonstruieren, versuchte er sich in einer neuen Verkleidung. Als man den Patienten befragen wollte, gab er zu Protokoll, dass er wohl verwechselt werde. Er sei nämlich nicht Patient, sondern Pflegeassistent. Und im Übrigen per Autostopp in die Klinik gekommen. Claudia Schiffer habe ihn in verdankenswerter Weise spontan mitfahren lassen … ◊

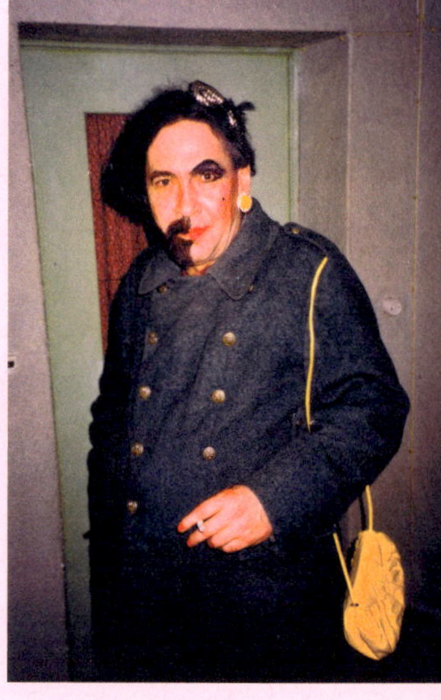

>> In einem Pavag-Sack lieferte Emil vor Ostern 1997 beim Personaleingang der Luzerner Kantonalbank 28 Osternestli für die «Lehrlinge» ab. Sein Geschenk, so stellte sich heraus, war für das Schalterpersonal der Bank bestimmt, das sich umgehend mit 28 Kärtchen beim grosszügigen Spender bedankte. ◊

ost von Emil/für Emil

Liebe beginnt
meist mit
Blumen-Namen
.. hört mit
Tiernahmen
auf
möchte Dies
verhindern.

von
Emil
an Anitli
Schatz

133 Edition Photoglob SA, Zurich

Printed in Switzerland – Imprimé en Suisse

Emil Man
7. Mai. 96
an Mensc
Theresia
habe das
Abschied
geschen
erhalte
Jhr schön
Langer Br

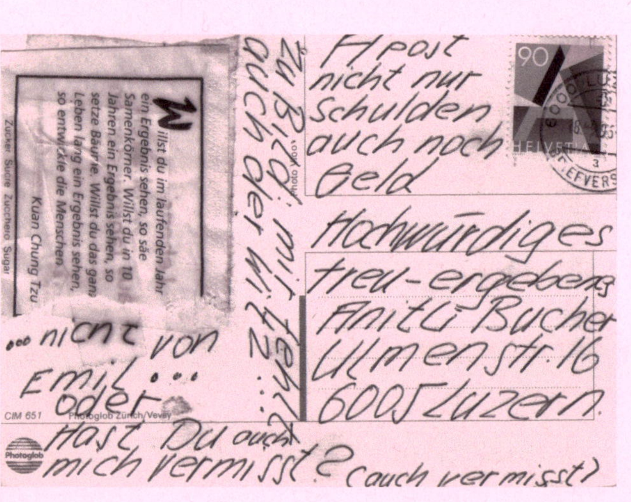

Willst du im laufenden Jahr ein Ergebnis sehen, so säe Samenkörner. Willst du in 10 Jahren ein Ergebnis sehen, so setze Bäume. Willst du das ganze Leben lang ein Ergebnis sehen, so entwickle die Menschen.

Kuan Chung Tzu

Zucker Sucre Zucchero Sugar

... nicht von
Emil ...
oder
Hast Du auch
mich vermisst? (auch vermisst)

zu Bild: mir fehlt
auch der Witz ...

A post
nicht nur
Schulden
auch noch
Geld

Hochwürdiges
treu-ergebens
Anitli Bucher
Ulmenstr. 16
6005 Luzern.

CIM 651 Photoglob Zürich/Vevey

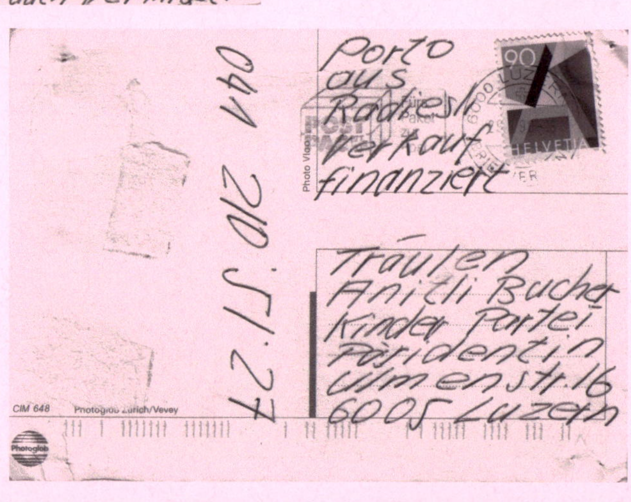

041 210 51 27

Porto
aus
Radiesli
Verkauf
finanziert

Fräulein
Anitli Bucher
Kinder Partei
Präsidentin
Ulmenstr. 16
6005 Luzern

CIM 648 Photoglob Zürich/Vevey

hat mich
sehr ge-
rührt. Musste
ihn mehr-
mals durch
lesen.
Der wunder-
chöne Holz
eller nimt
einen Ehren
Platz ein →

Lieber Emilio

Ich Wünsche Dir einen guten Appentit. Wenn du mir in den nächsten Tagen die Schuld nicht bezahlst werden die Wienerli immer kleiner!

Herzliche Grüsse

Ritali

Việt Nam
Bưu chính
10000đ

EMIL
Blakatier
Rest. Big Ben
Winkelriedstr. 39
CH-6003 Luzern
SWITZERLAND

Vietnam, 13/8/99

Lieber Emil,

deine Blakate fehlen mir hier!

Liebe Grüsse

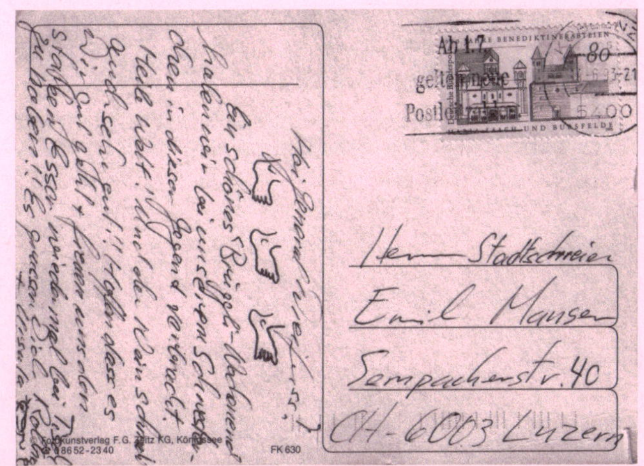

Ab 1.7.
gelten neue
Postle
80

Herrn Stadtschreiber
Emil Manser
Sempacherstr. 40
CH-6003 Luzern

Ein schönes „Bueggeli-Wochenend" haben wir bei einem schönen Wetter in dieser Gegend verbracht.

Kunstverlag F. G. Zeitz KG, Königssee
08652-2340
FK 630

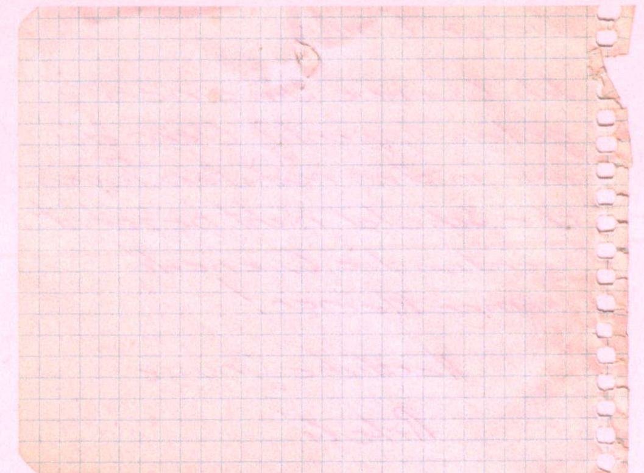

Wohl haben
wir viele
gemeinsa
Wir hätten
uns als Kind
kennen lern
sollen... Abe
Jott bestim
unser Schic
sal. In der Stad
erkenne ich a
bekannte Ge sic
nicht. Würde ge
mal mit Ihnen
cafe Trinken
grüsst Mamser A

© ATHENA REPRODUCTIONS LTD LONDON 1973 ● WORKMEN ERECTING A PALACE ● MUGHAL c1600 ● BY COURTESY OF THE VICTORIA AND ALBERT MUSEUM ● PRINTED IN ENGLAND ●

Lieber Emil.

Ich finde Dich ein Suppertyp. Mache weiter Luzern braucht Dich. Ich selbst werde auf dem Land einen Bauernhof suchen und vielleicht sehen wir uns qieder einmal wenn ivh mit Pferd und Wagen Kompost hole bei der Eichehof Brauerei (oder Fässeer Bier).

Guten Rutsch wünscht Franco Alcione

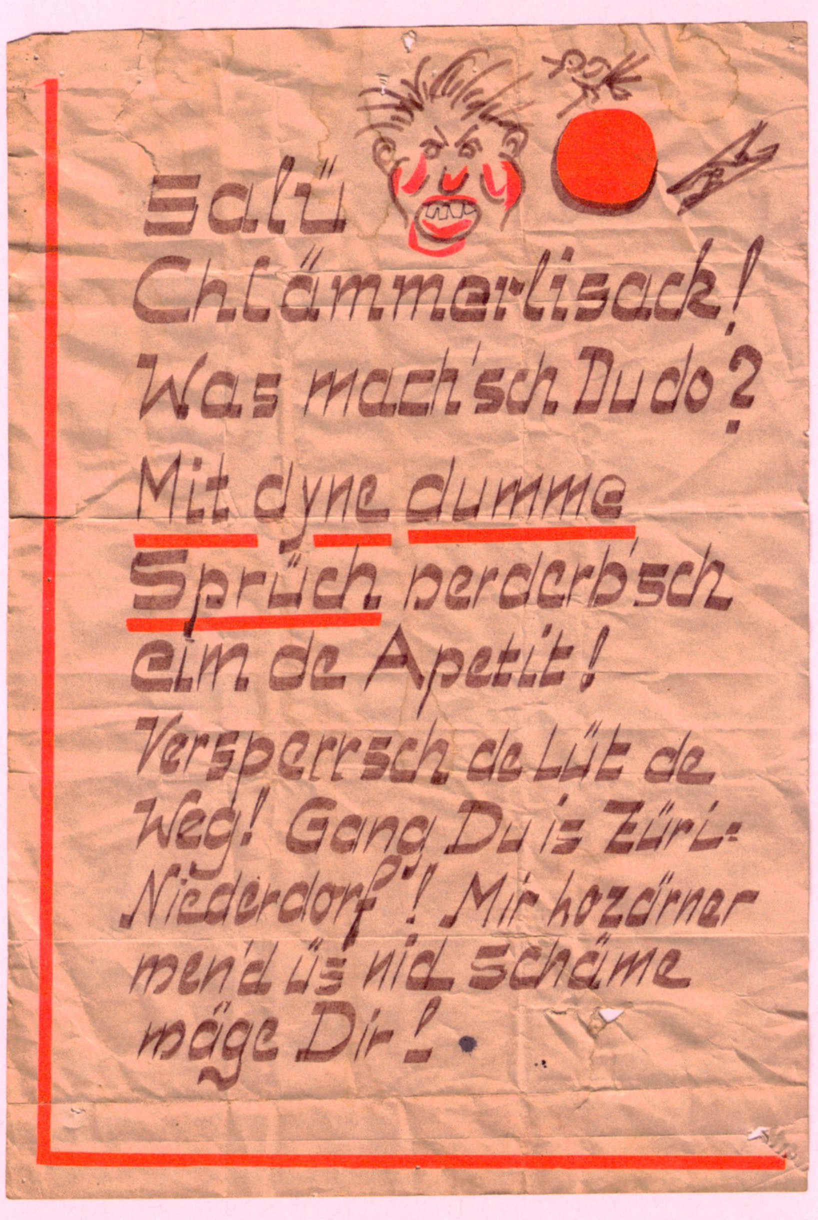

Salü
Chlämmerlisack!
Was mach'sch Du do?
Mit dyne dumme
Sprüch verderb'sch
eim de Apetit!
Versperrsch de Lüt de
Weg! Gang Du is Züri-
Niederdorf! Mir hozdrner
men'd üs nid schäme
mäge Dir!

Manser
Kunsdferlag
Luzern

Sempacherstr. 40
6003 Luzern

Luzern, 20. 9. 98

Lieber Mensch, Jch habe noch „jungen" Kun[st]verla[g]
wohl machten wir beide etwas falsch. sonst würden wir schon lange miteinander „geschäften."

Jch lege Ihnen vorerst 4 Karten Muster bei. Die sie in Ihrem geschäft verkaufen können.

Preise: 4 mal 50 Stck. Fr. 100.--
4 mal 100 Stck Fr. 170.--
Porto, Verpackung usw. alles inbegriffen.

Karten würden auf dickerem Karton geliefert

Es grüsst ein Mensch.
Emil Manser

N.B. Plakaträger Urheber der Sprüche „Gesschäftsmann" ist immer derselbe

Intelikenz
ist gerecht
verteilt:
Jede(r) meint
genug zu
haben
Würde für
Jedes Schimpf-
Wort ein
Baum wachsen
Lebten wir
in Urwald
Sucke Leehr-
stelle alz
Medzger!!
möckte nach-
her zuhr
BOLIZEI
Bitte
frankieren
A B C DRUCK + KOPIE GmbH, Waldstätterstrasse 23, 6003 Luzern

Wer oben 2 Doubeli sieht
ist kein Tierfreund

Die Köpfe des Jahrtausends

von oben, links nach rechts
Emil Manser, Philosofe; Albert Einstein, Physiker; Ferdy Kübler, Radfahrer; Le Corbusier, Architekt; Gottlieb Duttweiler, Migros; Gustaf Jung, Psychiater; Albert Hofmann, Psychiater; Xaver Bucheli, Stadt-Bolizischt, Luzern

Der Vormund begegnet auf der Strasse seinem Mündel und meint: Gestern bini richtig häppy gsi, weil sie nüechtern gsi sind. Hüt machet sie mie trurig, weil sie betrunken sind. Darauf der Mündel laut und strahlend: Hüt bin Jch ade Reihe zum häppy sie.

Aus dem Leben

Emil als Theaterautor

Füsiater: Het me mit ene scho en Inteligentescht gmacht
Patient: Was isch das
Füsiater: Rauchet Sie
Patient: Meng mol ab ond zue en Zigarette
Füsiater: Isch nöd gsund. Isch schad om Sie
Hend Sie Alkoholproblem
Patient: Alkohol isch keis Problem; kei Alkohol isch es Problem!

Anmerkung der Kinderpartei:

Alkohol ist kein Narr, aber zuviel davon macht peinliche Narren!

Füsiater: Reget Sie sich uf, ärgeret Sie sich
Patient: Ich mi … Nei, anderi reget sich ständig ab mer uuf
Füsiater: Was machet Sie, wenn sie nüd arbeitid
Patient: Arbet sueche
Füsiater: Sind sie vorbestroft
Patient: Nei, ich wor immer no de Untate beschtroft
Füsiater: Was wär ere Traumbruef
Patient: Polizischt werde
Füsiater: Wäret Sie guet geignet
Werom hend Sie nie kürote
Patient: Die wor i öbe cho het ond die wo i ha wele hend
enand gar nöd gliche
Füsiater: Wie schtots noch dene Medikament mit em Sexuelle
Patient: Wenn «Eue» schtoht ond «Mine» lambet send beidi
glich gross
Füsiater: Ich mues ene d'Medikament neu istelle. Ha no e wichtige
Termin. Ade Herr Ochsebei
Patient: S'Gspröch isch au scho länger gange. Isch mer e grossi
Ehr gsi mit ene dörfe z'rede. S'wohlet me scho e chli.
Ade Herr Dokder

Kinder-Partei

Kinder Partei Gründer
und selbsternannter
Stadtpräsident
der Stadt Luzern:
Fräulein Philosofin
EMIL MANSER
abhängige Partei Zeitung

Luzern, Frühjahr 96 1. Ausgabe

Liebe Menschen, wir hoffen die
bescheidene Anrede genügt
Ihnen. Gesellschaftliche Ver-
änderungen dauern Generationen.
kommen von „Dubeli," Aussen-
seitern, Spinnern und Gross-
Denkern. Unsere Partei hat zur
Zeit ein Mitglied. Der Gründer
selber. Emil Manser. Selbsternannter Stadtpräsident der
Stadt Luzern. Bei einer regulären
Wahl von der Bevölkerung
zu gegebener Zeit ändert sich
für viele Menschen nicht viel.
Auch nicht für Fräulein Philosofin

Emil Manser. Wie erwähnt dauert Generationen. Aber für ältere Menschen und Kinder ältere Menschen sind meist weise. Kinder Philosofen. Dies zu begründen mangelt es an finanziellen Mittel für Papier und Druckkosten. Kinder sind offen, ehrlich, rein im Charackter und voller Lebensfreude ohne Existenz Angst. Und arbeitsam. Ein klein Kind baut eine Sand-burg, bricht sie ab und baut nebenan eine Andere ohne zu fragen wieviel Stunden-lohn gibst Du mir. Schon viele dieser Eigenschaften werden ihm in jungen Jahren erstickt. Schon Kinder Wettbewerbe führt oft zu Bruderkrieg im ganzen Leben. Jeder will besser sein als der Andere. Es möge uns gelingen das staatliche Erziehungswesen sanft zu reformieren. Geschäftlich Erwerbslos und Arbeitslos ist nicht dasselbe. Wie erwähnt Kleinkinder haben immer Arbeit, sind meist zufrieden wenn sie den Bauch mit Lebensmittel füllen können. Und fragen für sinnvolle Arbeit nicht gleich nach Lohn. Einem Kleinkind wäre es leicht beizubringen dass es sinnvolle Arbeit wäre neben Schule oder Arbeit älteren Menschen etwas zu betreuen. Glück braucht oft wenig und ist selten mit viel Geld verbunden. Oft nur zuhören oder ein kleines Gespräch. Und einkaufen, Wohnung etwas in Ordnung halten, Waschen usw. Man könnte vielleicht bald aus Altersheimen Parkhäuser bauen...

S31-24

Weltweit Landwirtschaft n. Ausg

Aus Papier-, Druck- und Kostengründen müssen wir jetzt doch noch zur Schreibmaschine greifen. Unserer Meinung nach, sollten wir bei den Kindern die Lebensfreude fördern, nicht in jungen Jahren ersticken. Wir sollten den herkömmlichen Gesa[illegible]nterricht abschaffen, ev. auch die Noten im Zeichnen abschaffen. Jeder gesunde Mensch kann singen. Nur jeder hat eine andere Stimme. Auch sollten Kinder Liedertexte selber schreiben. Philosophen, Dichter und Bauern könnten Ihnen anfangs ja etwas „nachhelfen". Auch unser Ziel ist es, in ferner Zeit eine möglichst Drogenfreie Gesellschaft. Müssiggang ist vieler Süchte Anfang. Wir möchten Kinder möglichst früh mit der Landwirtschaft vertraut machen. Wir hätten günstiges Pachtland samt Stallungen. Unser Ziel ist es, mit Kindern Trockenbrot aus privaten Haushaltungen einzusammeln und an Nutztiere zu verfüttern. Wenn junge Menschen bald singend in der Stadt Trockenbrot einsammeln, haben wir nicht umsonst gelebt. Es möge der Tag X kommen wo Jugendliche singend auf Parties sind. Und man könnte das Gesetz über Lautstärke abschaffen. Die Druckplatten, Druckkosten und das Papier für diese Zeitung, konnten von Spenden und Bilderverkauf vor der Luzerner Kantonalbank finanziert werden. Wir möchten uns für die Toleranz aller Menschen bedanken. Für die günstige Platzbenützung speziell bei der Kantonalbank. Wir suchen Kontakte zu Menschen, die wissen wie man Nutztiere ernährt und wie man mit ihnen umgeht. Zu [illegible] Erziehungsdirektoren, Lehrern usw. Also zu allen Menschen. Um den Tierstall zu renovieren, Zäune zu erstellen. Behälter um Trockenbrot einzusammeln, wären wir um z insgünstige Darlehen froh. Speziell von Menschen die merken, dass man Geld nicht essen kann, aber Eier von Trockenbrot ernährten Hühnern.

Briefadresse: Kinderpartei Gründer, Emil Manser, Arthur Stocker Stadthaus, Luzern
Telefon: 041 210 51 27, 077 39 81 78

Über Weltweite Landwirtschaft nächste Ausg.
Wir bedanken uns dass Sie unsere Partei-Zeitung gelesen haben [illegible]
Es gibt uns Kraft für Neues.
Für die nächste Ausgabe haben wir ein Spenden-Konto: Spenden können Spenden können bei der Luzerner Landbank einbezahlt werden.
Konto: 376 366 01 10

NB: sobald wir ein zweites Mitglied haben ernennt sich einer davon zum Staats Berater

Gaddafi: Schweiz ist unterentwickelt

TRIPOLIS – Spätestens seit gestern wissen die Libyer, wie es um sie und den Rest der Welt steht: Gaddafi liess seine Untertanen wissen, dass:

- die Schweiz Libyen nahesteht, aber weniger entwickelt ist…
- der Kapitalismus endgültig gescheitert ist…
- Amerika, wie der Name zeigt, von Emir Ka entdeckt wurde…
- der Anwaltsberuf unproduktiv ist…
- «Hamburger» aus einer Mischung von Schaben, Mäusen und Fröschen gemacht werden.

vielleicht meinte dieser Mann geistig weniger entwickelt…

Auschnitte aus Schweizer-Presse „Ringier-Verlag"

Iran: Der Druck von Dollar-Noten blüht

WASHINGTON – Der Iran druckt jährlich falsche Dollars im «Wert» von zwölf Milliarden. Dies enthüllt der Report einer Sonderabteilung des US-Kongresses. Die Druckmaschinen für die falschen Noten stammen aus den USA. Der Iran baue mit den Blüten in «fast perfekter Qualität» seine Auslandschulden ab und versuche, seinen Einfluss in der Welt zu verstärken sowie die amerikanische Wirtschaft zu destabilisieren.

Hatte unser Meinung auf Front-Seite gehört

Stellen-Gesuche

«BOLIZEI»

ief an Stadtpräsident Franz Kurzmeyer im Sommer 1991

Lieber Bruder Franz,
liebe Sekretärin,

leider habe ich deinen Namen vergessen. Ich war beim Besuch betrunken. Du hast mich sehr beeindruckt. Du hast recht wenig geblaudert und wolltest zuhören. Hast wohl gedacht wenn einer «Seich» redet soll es Bruder Emil sein. Ich bin auch der Meinung man ist nur ein «Doubel» wenn man sich selber für intelligent hält. Dass Ihr auf Briefe von Nobodys antwortet zeugt von Grösse.

Ich feiere Weihnachten im Sommer und denke an euch. Es macht mich sehr glücklich, dass ich euch im Auftrag Gottes ein Weihnachtsgeschenk überreichen darf. Ein paar Sandalen wie Wilhelm Tell und Jesus Christus sie bei Temparaturen um 30 Grad trugen. Beide zur damaligen Zeit Terroristen.

Das Weihnachtsgeschenk ist wohl noch peinlicher als Weihnachten im Sommer. Ich betrachte Brüder die Sommer und Winter ähnliche Schuhe/Socken tragen als krank. Krankes Hirn oder kranke Füsse.

Beiliegendes Geschenk sind Bürosandalen. Sie zu kaufen war kein Problem. Einer der sie anzieht ist eine andere Sache. Der Kassabon liegt bei, man kann sie in jeder Grösse umtauschen. Vielleicht sind sie auch für unsere Kinder bestimmt. Ich betrachte euch wohl als Dummköpfe dass ich das schreibe. Bitt für uns.

Weltweit möchten viele wie Amerikaner und Schweizer sein. Und kleiden sich so. Viele Rohstoffe werden unnötig für Schuhe, Socken und Waschmittel verwendet. Wir haben zuwenig Futter für vierbeiniges Rindvieh und somit zuwenig Milch für Kinder. Sandalen ohne Socken entscheiden weltweit also auch über Leben und Tod.

Ich hoffe ich habe euch das Weihnachtsfest nicht verdorben. Nach Weihnachten folgt Tag der Besinnung. Ein Glückmann wäre nicht geboren.

Eure Worte haben mehr Gewicht. Ich könnt dafür sorgen, dass zu gegebener Zeit Schulmeister Sandalen ohne Socken tragen. Und euch somit bedanken. Kinder werden dem Schulmeister folgen und haben somit weltweit mehr Milch.

Frohe Festewünsche
Bruder Emil

DER STADTPRÄSIDENT VON LUZERN

12. Juni 1991

Lieber Bruder Emil Martin

Diesmal geht's mit meiner Antwort ein bisschen schneller. Dein Brief ist allerdings vom 20. Mai datiert und bei mir ist er am 3. Juni eingetroffen! Ist das A-Post in Super-Zeitlupe oder hast Du Dir zwischenzeitlich noch ein wenig überlegt, ob Du mir schreiben sollst oder nicht? Wie dem auch ist, Deine Zeilen freuen mich, denn Du bist eigentlich der Philosoph nicht ich. Ich danke Dir für Deine positive Einstellung und Deine geistige Unterstützung. Ich wünsche Dir alles Gute, viele kreative Gedanken und Zufriedenheit.

Mit freundlichen Grüssen

DER STADTPRÄSIDENT VON LUZERN

Franz Kurzmeyer

1. Februar 1994

Lieber Bruder Emil Martin

Herzlichen Dank für Deine Zeilen. Ich bin froh, dass Du den Brief verbrannt hast, und dass er Dich ein wenig gewärmt hat. Damit hat er doch einen guten Zweck erfüllt. Wie Du richtig bemerkst, muss man im Leben eben lachen und weinen können - ich weiss sehr gut, was Du damit meinst.

Ich bin froh zu hören, dass es Dir gut geht und wünsche Dir alles Gute, viel Kraft und ich hoffe, dass Du Deinen Humor nicht verlierst.

Herzliche Grüsse

Franz Kurzmeyer
Stadtpräsident

Lieber Götti Arthur,

ich entschuldige meine schlechte Schrift und Schreibfehler von vornherein. Da ich an Die Sache die kommt nur im Suff denken kann. Wie Du weisst betreust Du mich seit 1981 oder 1982. Ich spreche Dich mit «Du» an. Ich finde es völlig normal Dass ich Dir «Du» sage und Du mir «Sie». Wäre es umgekehrt würde ich den schweizer Beobachter konsultieren. Mit Bericht «Schwachsinniger Amtsvormund ‹duzt› Mündel». Sogar Herren wie Emil Manser.

Lieber Götti Arthur ich weiss, dass Du es mit mir nicht einfach hast. Jetzt frägst Du warum? Lese weiter.

Im Frühjahr 1988 wollte ich nach jahrelangem vegetieren eine Baurenovationsfirma gründen. Mit Geschäftssitz Liberales Heim Luzern!!!

Aufwendige von mir aus Deinem an mich ausbezahlten Taschengeld finanzierten Inserate brachten zwar viele Anfragen. Anfragen im Liberalen Heim!! Die Anfragen und Adressen potentieller Kunden wurden nicht an mich weitergeleitet!!!!!!!!!!!!!!!!! Aus diesem Grund ist ein finanzielles Löchlein im Loch entstanden.

Lieber Götti Arthur sicher siehst Du ein dass mann ein finanzielles Loch nicht noch grösser machen soll. Du kannst mir mein Taschengeld monatlich um Fr. 100.– kürzen. Aber Du solltest ein finanzielles Löchlein von Fr. 1300.– stopfen. (subito)

Das finanzielle Löchlein ist entstanden wegen SAU-GESCHÄFTS-ADRESSE, Schlendrians, Sauffismus, Schwachsinns, Schlawinertumms entstanden. Wie Du lieber Götti siehst beginnen alle meine guten Eigenschaften mit dem Buchstabe «S». Man könnte also auch noch «Schlunggi» und Sauhund beifügen. Was nicht zutreffend wäre. Schaden durch meine Geschäftstätigkeit hat die im Handelsregister eingetragene Firma Rollmag Inh. Walter Meier erlitten. Und zwar für auf Rechnung geliefertes Material. (Auf Vertrauen). Jane Ronckli schulde ich mindestens Fr. 500.– für geleistete Mitarbeit. Die Firma Rollmag hat Material im Wert von Fr. 800.– geliefert.

Lieber Götti Arthur,
Liebe Jäne,
Lieber Walter,

das finanzielle Lochlein bemerkte ich ende Juli. Natürlich wird es Gott Arthur mit meinem Taschengeld stopfen. Als liebe Jane, lieber Walter, leider müsst ihr mit Gotti Arthur Stocker Amtsvormundschaft Luzern Kontakt aufnehmen. Um zu eurem Geld zu kommen.

Die ganze Angelegenheit machte mich sehr traurig. In gebückter Haltung also schaute ich immer auf den Boden begab ich mich in eine Kirche. Auf dem Weg dorthin fand ich eine Brieftasche eines Asiaten mit Inhalt Fr. 3000.–. In meiner Ehrlichkeit fühle ich mich verpflichtet diese Brieftasche nach Asien zu bringen.

Jetzt wo du Bescheid weisst bin ich entweder im Flugzeug oder bereits in Asien.

Liebe Jane
Lieber Walter
Lieber Götti Arthur,

dass ich euch so entäuscht habe ist sogar mir Emil Manser peinlich.

Ich bete zu Gott er möge uns alle behüten.

Emil

E. Manser
Baurenovationen
Voltastrasse 14, ✆ 41 58 86
6005 Luzern

Find
meine
Kunsd ofd
selber
nichd
Luschdig

Zu viel
Alkohol
macht
peinliche Narren
Diene: als
schlechtes
Beispiel

Wohl
Mannche(r)
währe
bezer
Kind
geblieben
ein USA Bräsident

„Worte"
Eines
Einfachen
Bürger:
"So schön
wet is au
haa"
Weiter-„Hin"
mit elektronisch
„Underhaltung"
und bald ist:
"Grüezi"
sagen
sexisistisch
schwache
hängen
an
stärksten"
"Partei
Kunst-Karte
50-Rappen
Ein offenes Wort:
Es gibt schönere
Männer als
Unsereiner aber
SELTEN

Das positive
Schweizer
benehmen
sich weltweit
wie
SCHWEIZER
Abgabe von Karten

Als Kalb
konnte
man
Medzger
nicht
auswählen
LUZERN

20.00 – 06.00
Open
PRIVAT
Liebe ist
schòn.
Es muss ja
Niemand
dabei
sein

Plakate
Lehsen
sich ärgern
betroffen
fühlen
ist
Steuer-Frei

«Das Herz ist weiter unten»

rner Fritschi, Publizist

Man könnte Rilkes Vers abwandeln – über den Panther im Käfig «der sich im allerkleinsten Kreise dreht» – und zu Manser assoziieren: Sein Blick war vom Vorübergehn der Leute so müd geworden, dass ihn nichts mehr hielt… Ihm war, als ob nur noch Verpanzerte enteilten – und hinter diesen Menschen verbleibe eine leere Welt.

Manchmal meinte ich in seinem Blick etwas Irres zu sehen, Düsteres, Melancholisches. Vor allem wenn er – eine Ein-Mann-Prozession – mit der Flasche in der Hand über den Reusssteg schritt und vor sich hin palaverte. Vielleicht sah er wie ein Geisteskranker hinter die Wände. Oder ahnte wie ein Kind etwas , das in unseren zerstörten Gärten nicht mehr wachsen kann.

Einmal, er trug wieder mal seinen Charlie Chaplin-Schnauz, gab er sein Schauspiel vor dem Luzerner Theater. Auf dem umgehängten Karton stand in grossen Buchstaben, aber ungelenker Schrift – wie von einem Erstklässler geschrieben:
«Bin Auch Zivielist. Einge haben, ser zuvil davon. Andre zwänig!»
Was sollte das? Von was haben wir zuwenig? Ob er Zivilcourage meinte? Ich blieb stehen, sprach ihn an. «Zivilist schreibt sich ohne i-e. Bei Kommaregeln in der Schule gefehlt, was? Schreibe doch klarer, was du sagen willst!»

Ein böser Blick traf mich selbst ernannten Oberlehrer, der eines zornigen Strassenwischers, den man darüber belehrt, wie er den Besen halten soll.

Sein Gesicht kam mir ganz nahe. Schweigend stierte er mich an. Ich setzte nochmals an: «Bist du so blöd? Oder tust du nur so?» Ich spürte, dass er ziemlich geladen war. Wollte er mir die Bierflasche auf den Schädel schlagen?

Flüsternd fast sagte er auf einmal: «Du musst nicht so viel denken. Das Herz ist weiter unten.» Er schüttelte kaum merklich seinen Kopf. Aus den verzogenen Mundwinkeln zischte er nur: «Hoffnungslos!»

Einem anderen Blick begegnete ich etwas später im Restaurant Mövenpick.

Ich besprach gerade etwas mit Vladimira Predavec von der Vormundschaftsdirektion, als Emil Manser das Lokal betrat und sich an ein Tischchen setzte. Als er uns sah, stand er schnell auf und kam schnurstracks an unseren Tisch. Und wie er meine Gesprächspartnerin begrüsste! Er umarmte die Chefbeamtin aufs Herzlichste, küsste sie, hielt ihre Arme hoch: «Salü, mein Engel!»

Eine Szene wie im Volkstheater. «Schon gut!», beschwichtigte die Dame im eleganten Kostüm den stürmischen Mann. Fast schien es, als genierte sie sich ein wenig über die überschwängliche Zeremonie. Und zu mir gewandt meinte sie entschuldigend: «Wir haben eben allerhand Kunden!»

Als sich Emil mit einem kameradschaftlichen Seitenblick zu mir wieder verabschiedete, musste ich an einen erwachsenen Sohn denken, der sich dankerfüllt und warmherzig von seiner Mutter verabschiedet – wissend, dass er ihr Kummer und Sorgen bereitet, aber nicht anders kann. Seltsam lächelnd verliess er das Lokal, seine Augen wirkten jetzt ganz ruhig. Ich spürte, dass der vom Leben nicht verwöhnte, heimatlose, ausgegrenzte Manser es grundehrlich meinte. ◊

Christoph Fischer

«Weisst Du, wie viel Frauen hier anstehen würden?»

ans Felder, stv. Leiter Abt. Fleischwaren Coop Winkelried

Wie ich Emil kennen gelernt habe? Auf eine laute Art und Weise! Es war wohl vor mehr als zwanzig Jahren. Plötzlich ertönte eines Tages ein lauter Gesang im Laden. Es mag eine Operetten- oder Opernarie gewesen sein, Mozart oder sonst ein grosser Künstler. Aber: Es war Emil. Das passierte von jetzt an fast jeden Tag, bis es dem Filialleiter doch ein wenig zu laut wurde. Ob etwa Kunden reklamiert hätten, fragte Emil mich traurig. «Warum darf ich nicht mehr singen?» Ich antwortete ihm, im Scherz natürlich: «Du hast eine so laute Stimme, dass vielleicht die Platten an der Decke runterfallen könnten…» Er schaute mich an und fragte treuherzig: «Ist es wirklich deswegen?» So lernten wir uns kennen.

Ich konnte Emil lange nicht richtig einordnen. Wer war er überhaupt? Man hörte so viel über ihn. Ein Spinner sei er, ein Aussteiger. (Wollten wir das nicht alle auch schon?) Man hörte sagen, er sei ein sehr gescheiter Mann. Warum aber dann die Sprüche mit den vielen Fehlern? Sprüche auf Plakaten hinten und vorne. Wars eine Provokation an die Adresse der Behörden? Auf jeden Fall, das war mir schnell einmal klar, machte er die Fehler bewusst. Ich fragte mich immer wieder, ob ich das auch könnte: verkleidet wie er durch die Strassen ziehen. Und musste die Frage immer wieder verneinen.

Etwas näher kamen wir uns einige Zeit später im damaligen Big Ben. Ich zahlte ihm ein Bier, er setzte sich zu mir und wir kamen ins Gespräch. Über eine Stunde. Er erzählte mir sein ganzes Leben, berichtete von Hochs und vor allem Tiefs.

Ich gab ihm selten Geld. Ich zahlte ihm lieber wieder mal ein Bier, so kamen wir zum Diskutieren. Als er mit dem weissen Mantel vor der Theke stand, bemerkte ich einmal, er würde doch auch hinter der Theke einen sehr guten Eindruck machen. Er meinte dazu ganz trocken: «Weisst du, wie viele Frauen dann hier anstehen würden?» ◊

«Lieber Vernunft als Radieckal»

Hans Widmer, Philosoph und Nationalrat

Lieber Emil

Oft blieb ich auf meinen meist abgezweckten und zielorientiert-geschäftigen Gängen in die Stadt stehen, weil einer Deiner fragmentarischen Sprüche mich zum Innehalten einlud. Immer wieder haben Deine Kürzestwortspiele mir ein inneres Lachen entlockt oder ein assoziatives Nachdenken ausgelöst. Manchmal brachten sie mich sogar ins Grübeln. Wie auch immer, Deine markigen Sprüche kamen mir meist vor wie Spitzen von Eisbergen. In ihnen wurden tiefer liegende «Bilderprozessionen» oder Gedankengänge auf den Punkt gebracht oder auf die Spitze getrieben, auf jene Spitze eben, welche wohl nicht nur bei mir, sondern bei vielen Vorübergehenden das Lachen, das Nachdenken oder das Grübeln anzukitzeln vermochte.

Du wusstest wohl ganz genau, dass jede vorübergehende Person, die sich von Deinen Wortspitzen kitzeln liess, auf ihre je eigene Weise entweder gelacht, nachgedacht oder gegrübelt hat: Du hast ihnen auf offener Strasse bloss einen Raum gegeben, in dem ihre Reaktionsfreiheit stets gewahrt blieb.

Sicher hättest Du Deine helle Freude gehabt an all den Gedankenvarianten, die durch Deine wortspielerischen Provokationen in den vielen bei Dir innehaltenden Köpfen und Herzen ausgelöst worden sind.

«Lieber Vernunft als Radieckal». Was Du mit diesen Wortfetzen sagen wolltest und was die seltsame orthografische Verwandlung des Wortes «radikal» in «Radieckal» bedeuten sollte, bleibt für immer Dein Geheimnis. Was mit der Engführung dieser vier Wörter hinein in die vorliegende Wortspitze bei mir ausgelöst wird, das teile ich Dir gerne mit. Ich nehme zwar an, dass Du über meine Philosophielehrer-Gelehrsamkeit schmunzeln wirst, wenn ich auf den grossen Philosophen Kant zurückgreife, aber ich tue es trotzdem, weil Du jedem die ihm eigene Interpretationsweise belassen hast.

Wer die Fähigkeit, seinen Blick auf das Ganze zu richten, verkümmern lässt, verzichtet mit der Zeit auf etwas Urmenschliches, eben auf die Vernunft. Zwar mag er oder sie in einzelnen Bereichen «drauskommen», in einer einzelnen Wissenschaft etwa oder in einem bestimmten Dossier. Aber im einseitigen Spezialistentum entschwindet der grosse Horizont immer mehr. Am Schluss kann er oder sie nur noch mit einigen seiner Mitspezialisten kommunizieren. Jedoch hört auch das bald einmal auf, denn vor lauter Fixierung auf das eigene Wissen, auf die eigene Welt geht nicht nur der «ganz grosse Horizont» verloren, sondern auch der «mittelgrosse», derjenige, welcher uns mit den Insidern verbindet. Am Schluss gibt es nicht einmal mehr den, «ganz kleinen Horizont», welcher uns die Welt des Nächsten zu zeigen vermag. Ja, und wenn es dann einmal so weit kommen sollte, dann ist man radikal allein. Nur noch die eigenen Vorstellungen zählen. In Frage gestellt werden sie nicht, und wenn man dann die Bühne des Handelns betritt, ist man radikal. Darum: «Lieber Vernunft als Radieckal», weil wir uns nur im «ganz grossen Horizont» der Vernunft dessen bewusst werden, dass wir zum grossen Ganzen gehören. ◊

Der Täter
grüsste
ohne
Motiv

a Zwimpfer, Objektkünstlerin

I de Pilatusstross, wenn ech zom Marguerite be go Café trenke, ben ech em begägnet. Ech hane ned chönne öberluege, dä grossi Ma em Militärmantel, e Chranz Papierblueme im volle Hoor. Au ohni Brölle het mer sini omeghängti Tafele chönne läse. De Text esch mer blobe, hed nochdänklich gmacht oder mech zom Lache brocht, bes ech i Globus ine be.

Aschermittwoch

nst Kost, Kunstmaler

Die letzten Fasnachtsmasken
treffen sich auf dem Heimweg
Unter der Egg.

Sie schlagen die Trommel
bis es vibriert
im Bauchfell.

Im Schulterschluss gönnen sich
die Unermüdlichen noch ein Tänzchen.

Emil blickt in die Sonne.
Was denkt er?
Was sagt er?

Wer will sich im späten Morgen
noch Asche aufs Haupt streuen?
Da ertönt plötzlich seine Rebroff-Stimme:
Ond … mer … Buure … heis … guet!

Claudia Schumacher & Andrea Portmann

Bunte Blätter liegen auf dem
grauen Kopfsteinpflaster. Gesicht
puderweiss. Schwarze, aufgemalte Augenbrauen.
Charlie Chaplin
Roter Schli

Mann mit Melone.
Schwarzes Nadelstreifenjacke t. Hemd weiss. Er sitzt
auf einer Holzbank mit légère übereinander geschlagenen Beinen
Militarhosen. Rote Socken. Die linke Hand stützt er auf
seinem Knie ab, in der rechten, zwischen Ze
und Mittelfinger, hält er eine Zigarette.
Graublauer Blick --- Reflexion.

Er trägt
einen
Militärmantel.
Mit gemächlichem
Gang
Richtung Migros schreitend.
In seinem dicken,
tiefschwarzen
Haar
wächst ein grüner
Tannenkreskranz.
Rote Kerzen mit roten Schleifen sind drauf.
Es tropft... siehe Schulter.
Advent, Advent
ein, zwei, drei oder vier
Lichtlein
brennt.

Intellikent
sein izt
motern
Auversdeung
izd an
Osdern
Es ist Winter.
In der Mitt
der Strasse
fährt eine
weisse Linie in
die Weite
Langsam marschie
er entlar
Er trägt seine
Militärhose
Schnitt.
Kartontafel.
Weltforma
Schni
Eine grünliche M
verdeckt sein Ha
Regen. Schirm.

Poeta laureatus

nio Limacher, Animator

Der kluge August mit Schnurrbart wie Chaplin und Adventskranz auf dem Haupte, je nach Jahreszeit, in Erwartung der sonderbaren Dinge, die da harren und scharren, verabschiedete sich unerkannt. Im gleichnamigen Monat. Genau einen Tag nach dem Nationalfeiertag – so sehr liebte er das Tell-Bier. Die Reuss suchte er sich als Grab. Alle sprechen von «Fluss» und «alles fliesst», bloss wagt sich fast niemand wirklich in den Strudel.

«Wählte Abkürzung in Himmel – Krebs» sollte die Reihenfolge auf dem letzten Plakat lauten, welches Emil auf dem Reusssteg zurückliess – «Krebs» notabene als Unterschrift, einsilbig, als frei gewähltes Pseudonym. Denn wer kurz vor Weihnachten im letzten Jahr des letzten Jahrtausends an der Obergrundstrasse beim Pflügen ertappt und ins Irrenhaus statt unter den Weihnachtsbaum verfrachtet wird, der könnte sich selber zu Recht als störendes Krebsgeschwür der ach so erhabenen Gesellschaft fühlen. In kluger Voraussicht wollte Emil den Acker für das anbrechende dritte Jahrtausend vorbereiten. Im Frühjahr 2000 hätte er dann Kartoffeln angepflanzt. Es sollte nicht sein. Stattdessen fegte dann Lothar durchs Land.

Wir begegneten uns mehrmals in der Stadt, oft an der Pilatusstrasse, wo er sich etwa auf der Sitzbank vor der Kantonalbank kurz erholte, bevor er weiterzottelte. Meistens lachten wir uns an. Mehr war nicht nötig. Wir verstanden uns ohne Worte.

Ich bin nicht überrascht, wie viele Zeitgenossen und Eidgenossen nach seinem Abtaucher treuherzig beteuern: «Schade, nahm ich mir nie Zeit, ihn besser kennen zu lernen.» Nachher bereuen sie immer. Dafür konnte Emil in Ruhe bis 53 seine Plakate gestalten. Und mancher Weggefährte auf den zahlreichen Stadtstrassen wäre beim näheren Kennenlernen höchstwahrscheinlich doch überfordert gewesen.

Für mich war Emil Manser mit dem Adventskranz auf dem Haupt der sprichwörtliche poeta laureatus, ein lorbeerbekränzter Dichter. Am Abend des Abendlandes passenderweise mit «Chres» statt Lorbeer. Buchdrucker war sein ursprünglicher solider Beruf. Volksfreund wurde er beim «Appenzeller». Die Weiterbildung auf dem Bau und als Maler verliehen ihm den letzten Schliff, bevor es ihn vom Boden- an den Vierwaldstättersee verschlug. Ob das Reussbett eines Mansers würdig ist, überlassen wir vertrauensvoll Mutter Helvetia-Natur – sicher nicht den Pehöörden! ◊

SÖLL
VER-
PISSE!
%

Christoph Fischer

Esch das ned Beamte-§?? beleidig-ong?

Das esch en schöne Sproch

«Glück ist dort, wo man Glück macht»

Roland Neyerlin, Philosoph

Was unternehmen wir nicht alles, um glücklich zu sein. Wir Menschen sind voller Glücksverlangen. Wir sind sehn-süchtig nach Glück. Wir streben nach einem Leben in Übereinstimmung mit uns selbst und der Welt. Ein Leben ohne Glückserfahrungen würden wir als sinnlos erachten.

Doch wie kommen wir zu einem glücklichen sinnerfüllten Leben? Emil Manser kannte ein bestechend einfaches Rezept: Glück ist dort, wo man Glück macht! Wir können das Glück herstellen, wir müssen es nur wollen.

Ich lebe nicht gern nach Rezepten, sie sind mir meist suspekt. Ich habe mehr Fragen als Anworten – auch in Bezug auf die Machbarkeit des Glücks. Bin ich tatsächlich meines eigenen Glückes Schmied? Lässt es sich herbeizwingen oder gar herbeiwünschen? Ist das Glück verfügbar? Warum nur hat sich Emil Manser kein Plakat mit Glücksfragen umgehängt!?

Zunächst: Was wissen wir eigentlich vom Glück? Was ist das Glück? Das Glück ist doppeldeutig. Einerseits bezeichnet der Begriff so etwas wie einen günstigen Zufall. Wir sprechen dabei von Glück haben. Andererseits beschreibt er den Zustand des Glücklichseins oder besser der Glückseligkeit und damit die Fähigkeit, glücklich zu sein. In beiden Varianten zeigt sich der besondere Charakter der günstigen Umstände im Glück: Das zufällige Glück entzieht sich unserem Zugriff. Es fällt mir zu oder eben nicht.

Das Zufällige im Glück mahnt zur Bescheidenheit. Nicht alles entspricht unseren Wünschen und unserem Willen. Das Glück ist auch dort, wo es nicht gemacht wurde! Es ist nie nur Ergebnis eines Beschlusses. Ich kann nicht entscheiden: Ab jetzt bin ich glücklich. Das Glück bleibt immer auch unverfügbar – ist nicht nur Resultat eigener Bemühungen. Das Glück als Zufall bekommen wir nie ganz in unsere Fänge.

Was aber bleibt, wenn wir die Umstände des Glücks nicht restlos selbst bestimmen können? Scheitert die grossartige Idee der Aufklärung von der Selbstmächtigkeit des Menschen ausgerechnet in dieser wichtigen menschlichen Angelegenheit?

Die Idee, dass der Mensch seines Glückes Schmied sei, verlangt nach Selbstbestimmung und setzt sie ab von Fremdbestimmung. Das macht sie als Idee so wertvoll. Dem Projekt der Aufklärung geht es um den Einzelnen, der sein Leben frei und eigenständig führen soll. Darauf wäre zu insistieren. Doch Selbstbestimmung, die nicht bereit ist, ihre Grenzen zu sehen, verfehlt sich selbst. Selbstmächtigkeit als totale Machbarkeit verkommt zur Allmachtspantasie und ist irreführend und gefährlich.

Emil Mansers Plakatspruch ist eine Halbwahrheit: Das Glück liegt nicht ausschliesslich in unserer Hand. Dennoch ist sein Spruch lebensklug. Er erinnert uns an die andere Seite der Zwiespältigkeit des Glücks. Glückssuche geht immer auch von uns als Individuen aus. Ob sich das Glück einstellt oder nicht, hängt auch wesentlich davon ab, wie ich mich selbst darum zu bemühen weiss. Ich kann mein Glück nicht ganz in andere Hände geben und die Verantwortung delegieren. Das Glück ist immer auch ein Glück in der Welt – ein irdisches, sinnlich verhaftetes und damit ein durch und durch menschliches Glück. Es gehört zu den Qualitäten einer von uns Menschen errichteten Welt. Das Glück kommt auch durch uns Menschen in die Welt. Glück ist auch da, wo man Glück macht!

Doch wie dem Glück eine irdische Stätte schaffen? Vielleicht sollten wir uns, wie der Philosoph Albert Camus meint, Sisyphos als glücklichen Menschen vorstellen. Er ist der Prototyp des lebensbejahenden und lebensdurstigen Menschen. Sisyphos wendet sich von den Göttern ab und freudig dem Leben zu. Er verachtet sein Schicksal und die Götter, die ihn dazu verurteilt haben, einen Felsblock den Berg hoch zu wälzen, von dessen Gipfel er immer wieder hinunterrollt. Mit seiner Liebe zum Leben und seiner Freude an den Menschen bringt Sisyphos Sinn in die Welt und trägt aktiv zum Glück bei.

Wenden wir uns also freudig dem Leben zu. Freuen wir uns an den grossen spektakulären Freuden, oder an den ganz unauffällig kleinen, die sich dehnen können zu einer lebenslangen Kette des Glücks. Ein unverhoffter Gruss, ein Lächeln, ein Händedruck vielleicht. Der zarte Flügelschlag eines Marienkäfers oder das Schaukeln eines Blattes im Herbstwind. Ob ein glückliches Leben gelingen kann, entscheidet sich auch an unserem Tun, an unserer Art zu leben. Wir können an jedem Tag, in jeder Minute etwas zu einem guten und glücklichen Leben beitragen. Leben ist eine Praxis, die Tag für Tag gelebt und erfahren wird und die in ebendiesen Erfahrungen als geglückte oder misslungene zutage tritt.

Zur Lebenskunst gehört auch die Einsicht, dass wir uns in der Kunst des Glücklichseins üben können. Das sinnerfüllte, glückliche Leben ist ein gutes Stück weit machbar und lernbar. Wir können uns auf das Glück zubewegen, auch dann wenn es nicht restlos in unserer Hand liegt. Noch einmal: Glück ist immer auch da, wo Glück gemacht wird. Daran erinnert uns Emil Mansers Plakatspruch, auch wenn sich das Glück nicht rezeptmässig verordnen lässt. Emil Manser ein Philosoph der Lebenskunst, ein Lebenskünstler? Vielleicht. Möglich aber auch, dass alles ganz anders war! Vielleicht war der «Glücks-Sandwich-Mann» ein zutiefst unglücklicher, verzweifelter Mensch, der auf der Suche nach dem Glück Begegnungen und Berührungen erfahren wollte. Ich weiss es nicht – wir haben nie ein Wort miteinander gewechselt. ◊

Nach Manser Plakate gestalten …

no Steinemann

Melk Imboden

an-
stössig
poetisch
weise
Hommage an
Herr Manser

Mario Suter

nnik Troxler

Märt Infanger & Martin Rutishauser

bu Richli

Niklaus Troxler

Er durchschaute scharf und spottete milde

rrit de Haan, Pfarrer an der Luzerner Lukaskirche

Emil war für mich so sehr Original wie kein anderer. Ist jeder Mensch unverwechselbar – er war absolut einmalig, ein Kind Gottes in ganz besonderer Weise.

Etwas von einem Clown hatte Emil an sich, etwas von einem Propheten. Etwas Naives und etwas Weises in einem. Gedankenspiele und Wortschöpfungen tränkte er sowohl in einem konstant gehaltenen Alkoholpegel als auch in geistreichem Mitgefühl. Er durchschaute scharf und spottete milde.

Emils Texte haben Luzern nachdenklich gestimmt. Jederzeit war in seiner Umgebung ein feines Lächeln zu verspüren. Emil hat unsere Stadt, dieses Stück Erde, menschlicher gemacht. Wohl hatte auch der Himmel seine Freude an Emil – sprach er doch viel vom Himmel. Und Himmel war denn auch sein letztes Wort.

So sehr Manser ein gescheiter Mitmensch war, so sehr war er für manche aber auch ein gescheiterter Bürger. Einige Mitbürger nervte er darum beträchtlich, wenn er lauthals lärmte in seinen unkonventionellen Rollenspielen. Dabei strahlte Emil eine beneidenswerte Freiheit und Souveränität aus, obwohl die Lebenstragik an ihm nicht spurlos vorübergegangen war. Emil hat sein Leben bewusst in eigener Regie geführt. Sein Lebensstil war seine Erfindung, auch in der Tragik. Er war wohl in einem höheren Masse sich selber als die meisten Luzerner und Luzernerinnen, die über ihn lachten. Für mich ist Emil Manser der souveräne Mensch par excellence, bei all seiner verschmitzten Bescheidenheit.

Manchmal lief er etwas verloren umher, wie einer von einer anderen Welt. War es dann nicht als verkörperte er etwas vom Himmel? Als wäre er schon weiter als wir, die herumhetzen, wühlen und wettern? Ja, er war uns voraus, in seiner Art, die menschliche Existenz als eine geistige Herausforderung anzunehmen und als eine eigene Kreation zu meistern.

Den dramatischen Todessprung in das dunkle Wasser der Reuss will ich nicht verharmlosen. Es war wohl eine Verzweiflungstat im Angesicht einer wirklichen oder vermeintlichen Krankheit zum Tode.

Aber wird nicht auch hier wieder eine Souveränität sichtbar, die uns staunen lässt? Er schrieb zuvor noch einen Brief, in dem er seine Plakattexte der Güggalizunft vermachte, die sich in Luzern der Originale annimmt. Meinte aber, diese Texte wären nicht wirklich erhaltenswert … Einpruch, Emil: Deine Texte und dein Lebensstil *sind* erhaltenswert. Die Erinnerung an ein Exempel liebevoller, tragisch-milder Menschlichkeit darf nicht verloren gehen. ◊

Zipfelmütze, Fliegenpilzbéret und Lockenkopf

oder: Wie drei eigenständige Köpfe zu einem gemeinsamen Projekt zusammenfanden

drea Vogel, Expeditionsleiter/Grenzgänger/Fotograf

Anlässlich der Kandidatur meiner Gattin Beatrice Keck Vogel für die Nationalratswahlen marschierten Emil Manser und ich im Sommer 2003 während einiger Zeit, zum Teil gemeinsam, für meine Ehepartnerin mit Plakaten durch die Stadt Luzern. Hier einige Gedanken zu diesem nicht nur für Emil Manser herausfordernden Abenteuer.

Grenzgänge sind für einen Grenzgänger das, was für einen Nichtgrenzgänger die Luft zum Atmen. Grenzgänger leben selbstbestimmt. Emil Manser war, wie ich, ein Grenzgänger; jeder auf seine Weise.

Ein freier Mann, wie Emil es war, hasst den Zwang. Darum war ich doppelt erfreut, als er mir, nachdem ich ihn dreimal angerufen hatte und er meine Frau inzwischen «begutachten» konnte, für unsere geplante politische Werbetour zusagte. Er meinte: «Den richtigen Spruch habe ich schon; auf dem Brustplakat wird stehen «wenn schon Politik, dann kecke Politik», und auf dem Rückenplakat «wenn schon eine Frau, dann meine kecke Frau!» Und er fügte hinzu: «Für politische Parteien lasse ich mich nicht einspannen, das passt mir gar nicht, und mit Geld lasse ich mich erst recht nicht kaufen. Aber ich glaube zu spüren, dass Menschen wie deine Frau in der Politik Erfreuliches zu bewegen imstande wären.» Unserem gemeinsamen Unternehmen stand somit nichts mehr im Wege.

Für mich als Expeditionsleiter war schnell klar, dass diesmal eine ganz besondere Art von «Expedition» auf mich zukam. Ohne Mut und Überzeugung für die Sache wäre ich dieses Mal wohl zu Hause geblieben. Damit mich nicht gerade jeder auf Anhieb kennen würde, zog ich mir eine Zipfelmütze über. Emils Mut war eben doch noch ein bisschen grösser. Für ihn war es Alltag, für mich eine Expedition ins Ungewohnte – zu den Mitmenschen.

Lieber Ehrfurcht als Angst
In den Nationalrat
Wenn schon Frau, meine kecke Frau
Beatrice Keck Vogel
CVP
Liste 3

In den Nationalrat
Wenn schon Politik, eine kecke Politik
Beatrice Keck Vogel
CVP

Der Weg einer Expedition fordert einen, ist oft hart, entbehrungsreich. Es ist nicht der Weg, den eine «Nickergesellschaft» geht, wie Erich von Däniken unsere Gesellschaft kürzlich in einem Referat nannte. Auch nicht der Weg einer «Fähnchen-im-Wind-Gesellschaft», wie die profunde Hitler-Historikerin Brigitte Haman die deutsche Gesellschaft der Dreissigerjahre in ihrem neuen Buch bezeichnet. Mit meinem Beruf als Grenzgänger und Visionär konfrontiere und fordere ich die Menschen oft heraus, da bekomme auch ich immer wieder den Widerstand oder aber eine mir fast unangenehme Bewunderung (statt einfach Akzeptanz) unsere «Mitläufer-Gesellschaft», wie ich sie nenne, zu spüren.

Ich folgte also dem Lockruf meines Herzens. Obwohl ich kein Schauspieler bin und dessen Talent nicht besitze, auch kein Clown oder Clochard. Jetzt, im Nachhinein, wird mir erst bewusst, dass ich damals Emils Worte in die Tat umsetzte: «Ist mir grosse Ehre von gleicher Sorte zu sein.» So war für mich klar, dass ich ihn auf seine originelle Art und Weise unterstützen würde. Wie gut würde es doch so manchem Politiker, Wirtschaftsmenschen und Scheingläubigen tun, wenn er mal einen ähnlichen Rollentausch einginge. Schnell einmal würde ein Mensch vom Schlag eines Emil Manser nicht mehr belächelt, bedauert oder sogar verachtet, sondern verehrt. Wer weiss, vielleicht lebten wir in einer besseren Welt, wenn Menschen wie Emil Manser beispielsweise das Amt von George W. Bush inne hätten.

Emil konnte auch manchmal eines über seinen Durst trinken. Solche Momente machten mich traurig. Er wurde dann lauter. Dies störte mich aber nur bedingt. Ich verstand ihn. Die Biere waren die Tränen seiner Seele.

Emil Manser, Weggefährte für wenige Tage in meinem Leben, ein wandelndes Gewissen und ein Philosoph, der mein Herz erwärmt, wenn ich an ihn denke. Er wird mich wohl für den Rest meines Lebens in Gedanken begleiten. Menschen, wie er einer war, braucht die Welt. Nun hast Du, nach Deinen Worten, die Abkürzung in den Himmel genommen. Damit ist mehr als ein Farbtupfer weniger in Luzern, in der Schweiz, in der Welt. ◊

Ein Abstecher nach Afrika

Al Imfeld, Schriftsteller

Ein oder zwei Jahre vor Moçambiques Unabhängigkeit 1995 – niemand weiss mehr das genaue Datum – trat an der geschäftigsten Ecke der damaligen Hauptstadt Lorenço Marques ein Mann mit einem grossen Buchstaben, den er wie ein Schild vor sich trug, in Erscheinung. Der Mann gab sich stumm; er stand einfach da mit dem grossen Buchstaben, den er nach einem System, das niemand kannte, auswechselte. Es waren im Laufe einer bestimmten Zeit alle Buchstaben ausser einem: F.

Niemand kannte den sonderbaren Mann, der einfach schwieg und sich bloss mit einem Buchstaben jeden späteren Nachmittag bis zum Einbruch der Finsternis an der hektischen Strassenecke postierte.

Die ganz und gar nicht zimperliche portugiesische Geheimpolizei vermutete sofort einen Zusammenhang mit dem Unabhängigkeitskampf. Sie notierte vorerst jeden Tag seinen Buchstaben und konnte darin kein System erkennen. Eines nur fiel ihr bald auf: Den Buchstaben F liess er aus. F stand nämlich für die Befreiungsbewegung «Frelimo», die Unabhängigkeitsbewegung.

In Zeiten politischer Wirren ist Rätseln populär – und so war es auch damals. Man hatte viel Zeit, die täglichen Beschäftigungen waren durch die Soldaten und Polizei eingeengt; abends gab es keinen Ausgang. Die meisten, die am Buchstabenmann vorbeikamen, fragten sich, was wohl der sonderbare Mann mit seinen Zeichen beabsichtigte – in einer Kolonie, die weitgehend noch nicht alphabetisiert war. Die meisten Leute kannten ja nicht einmal die Buchstaben. Ob das etwa eine Alphabetisierungskampagne à la Freire war? Missionare kannten den brasilianischen Pädagogen mit seinem Befreiungs-ABC bestens; doch woher sollte ausgerechnet dieser Mann von Bewusstseinsbildung oder «conscientisacion» wissen?

Nach kurzer Zeit interessierte sich die Polizei nicht mehr für den Fall, denn sie hatte andere Probleme als die Lösung dieses Rätsels, wenn es denn überhaupt eines war. Der Mann wurde als stummer Spinner eingestuft und man liess ihn gewähren, denn F kam nicht vor und was sollte L, wenn voraus ein unmögliches K

bi Kopp

ging und diesem L ein M wie Moçambique folgte. Der Polizeichef sagte seinen Leuten schlicht: «Man kann auch zuviel denken.»

Doch was wollte denn der Buchstabenmann? Er musste doch etwas wollen! Niemand steht ein Jahr lang einfach so täglich mit einem Buchstaben am Strassenrand. Woher kam er am späteren Nachmittag und wohin ging er des Abends? Gerüchte kamen auf, ein paar Jugendliche hätten ihm zu folgen versucht, er jedoch habe sie immer geschickt abgehängt. Andere behaupteten, dass er ein paar Meter von seinem Standplatz entfernt ein Fahrrad abgestellt habe und von dort immer nach der Präsentation des Tagesbuchstabens wegfahre. Später wurde gemunkelt, man habe beobachtet, wie er jeweils von einem Auto abgeholt werde. Ihn selber direkt anzusprechen half nichts – der Mann blieb stumm. Ihm schriftlich Fragen zu stellen, fiel in dieser damals wenig alphabetisierten Gesellschaft lange Zeit niemandem ein. Doch dann begann ein Student, mit dem Buchstaben des Tages beginnende, wichtige Wörter auf Blätter zu schreiben und sie vor dem Mann niederzulegen. Er sagte nichts, nahm jedoch die Blätterworte mit.

Später bekam die Geschichte eine erstaunliche Fortsetzung. Der Mann kam mit seinem Kartonbuchstaben und streute die zum Buchstaben passenden Blätterworte rund um sich herum auf den Boden. Die Worte sprachen sich herum; so erfuhren Leute, die nie in der Schule waren, was aus Buchstaben entstehen kann. Einige lernten so lesen. Wichtiger noch war, dass die Leute erkannten, dass hinter Buchstaben Bedeutungen stehen, wie etwa L für Liberacion (Befreiung). Woher der Mann kam, war nun nicht mehr so wichtig, er wurde einfach zu einem lebendigen Aufruf zum Lernen.

Zwei oder drei Jahre lang hielt der Buchstabenmann von Lorenço Marques durch. Alle Buchstaben kehrten immer wieder – ausser dem F. Mehr und mehr fiel das den Leuten auf. Und natürlich war es genau dieses ausgelassene F, das die «Frelimo» bekannt zu machen half. Der fehlende Buchstabe bekam mehr Gewicht als alle andern.

Just als das weggelassene F am Siegen war, also kurz vor der Unabhängigkeit, verschwand der Mann. Niemand weiss bis heute, wer er ist, was er macht und wo er sich aufhält. Im später entflammten langwierigen Kampf gegen die «Renamo», die Rebellen gegen die Revolution, wünschten sich aber viele Leute, dass der Mann mit anderen Buchstaben wiederkehren würde. ◊

Fùhlen Sie
sie sich in
Ihrer Ordnung
gestöhrt
Tel. 118
ROGERIE
FARBEN

War schleckteste
in Sonderschule
Aber · Bezte(r)
in
Pholizei
Schuhle ...

SAMMLUNG
ROSENGART
Bescheiden
Eingerich-
tet?
Ich Auch!
Karten für
viehle Tage

Wäre um
Maler-Arbeit
Froh
um Kleingeld
noch
Fröher
Inkasso:
GUCK → für sie
(Mich auch)
Wer es zu
Edwas ge-
brachd hat
darf mir
45 statt
25 Rapen
geben
Würde Neid,
Missgunst
brennen
wie Feuer
wäre Heiz-
öl
nicht teuer
Karten ab 50 Rappen
Int. Kinder-Partei
Unser Kässeli
ist voll
Heute keine
Anahme
von Spenden
Kommen Sie
(Morgen wieder)
swisscom

Armut ist
keine
Schande
Reich-Dumm
auch nicht
!

Im Strassen verkehr wie
bei Anderm
Verkehr
einander
zeichen
Geben
Die Bolizischtin
Der Bolizischt

Lieber
Links und
nett, als
in Banden
Bösartig

Schön
isches
gsii

Es ist besser, Originale zu Lebzeiten ernst zu nehmen, als sie nach dem Tode heilig zu sprechen.

Eine Predigt.

pp Riedener, Seelsorger für Randgruppen

Wir schauten zwar alleweil gwundrig hin, wenn Emil mit einem neuen Plakat vor der Kantonalbank hin und her tigerte oder auf der Rathausstiege hockte. Er löste vielleicht ein Schmunzeln aus, ein Kopfschütteln oder ein leises Erbarmen … Aber ernst nehmen … das mochte den «kurligen» Gesellen wohl selten jemand. Das wäre den meisten zu weit gegangen. Denn ernst nehmen hätte bedeutet, seine Botschaften positiv aufzunehmen, sie auf sich wirken zu lassen und sich Gedanken zu machen zu seinen oft tiefsinnigen Sprüchen. Doch genau das möchte ich hier anhand von zwei Beispielen versuchen.

«Würde für jedes Schimpfwort ein Baum wachsen, lebten wir im Urwald» – träfer kann man die Aggressionskultur in unserer Alltagskommunikation wohl kaum zusammenfassen – nicht als Vorwurf formuliert, sondern als eingängiges Bild, das von allen verstanden werden kann. Die Konsequenz wäre doch, sich zu überlegen, wie oft ich Leute – vielleicht nur im Kopf – beschimpfe. Ich denke an den Verkehr in unserer Stadt, der sehr hektisch ist, hoch konfliktiv und nur überstanden werden kann mit heimlichen – oder auch hörbaren – Schimpfwörtern aus allen Schubladen … Psychohygiene wird stark über anale Botschaften an die andern VerkehrsteilnehmerInnen betrieben. Und genau das macht doch den Urwald aus …

Oder das Postkartenbild, auf dem Emil mit zwei Eseln dasteht, mit dem obligaten Militärmantel und dem Adventskranz auf dem Kopf. Rechts und links glänzen Goldsterne. Darunter steht: «… und der alte Stern von Bethlehem möge uns weltweit alle erhellen».

Emil stellt sich zu jenen Tieren, deren Namen wir gerne als Schimpfwort brauchen. Er solidarisiert sich mit den Vierbeinern, die im Volksmund als «härzig» aber störrisch gelten, die sich quer stellen, bockig sind und erst dann den Schritt machen, wenn sie wollen. Ganz sich selber sind. Fast wie Originale …

Und dann der Stern, der weltweit alle erhellen soll. Hier kommt mir seine grosse Toleranz entgegen. Der Stern soll nicht nur guten SchweizerInnen oder guten Christen scheinen und sie erhellen. Nein. Auch Muslimen, Juden, Buddhisten und Hindus, Atheisten und Agnostikern, eben allen, und weltweit soll er Licht bringen. Ich denke, dass viele von uns sich ein Stück von diesem grosszügigen Denken, von dieser Offenheit und Toleranz abschneiden könnten.

Und das Licht wird dann von Emil mit dem Adventskranz aufgenommen und – in völliger Verfremdung – nicht auf einen Tisch gestellt, wie es in unseren Breitengraden üblich ist, sondern auf dem Kopf getragen. «Das Licht nicht unter den Scheffel stellen» kommt mir dabei in den Sinn, sondern dorthin, wo es allen leuchten kann, halt eben auf den Kopf.

Die Botschaft ernst nehmen ist das Eine. Die Menschen akzeptieren, so wie sie sind, ist nochmals etwas anderes.

Vor dem Coop im Neustadtquartier sind sie jeweils zusammengesessen: Originale und weniger originelle Menschen. Auf der Bank haben sie morgens schon gemütlich ihr erstes Frühstücksbier genossen. Offensichtlich hat das nicht allen gefallen. Die Bänke wurden inzwischen abmontiert. Ich bin sicher, dass sie wegkamen, um die Kanalisation unter der Strasse zu erneuern und nicht um die Originale und Alkis zu vertreiben. Ich wette ein Bier darum!

Emil war ein unbequemer Rufer in der Wüste, respektive in der Stadt Luzern. Absolute Spitzenplakate mit Tiefgang und bewusst vorgenommenen Orthographiefehlern hat er gestaltet. Seine Botschaften waren klar, wenigstens für jene, die es beim Hinschauen nicht bei einem Lächeln beliessen, sondern die Botschaft mitnahmen. Heilig sprechen mag ich ihn deswegen trotzdem nicht. Er würde sich im Grabe umdrehen. Aber seine Botschaften nehme ich mit in meine Arbeit und mein Leben. Ich will sie und Emil ernst nehmen. ◊

NEUE LUZERNER ZEITUNG

Stadt Luzern

Tragisches Ende des Luzerner Stadtoriginals E

Seine markante Stimme war legendär, sein Witz erheiterte die Leute: Emil Manser ist tot. Gestern wurde er aus

Rathaussteges beugte. Kurz darauf hörte er ein Platschen im Wasser, und der Mann war verschwunden. Der Augenzeuge alarmierte die Polizei. Diese fand am Geländer des Rathaussteges ein Kartonschild. Darauf stand: «Krebs – wählte Abkürzung

im Winter reiste er wiederholt nach Asien, weil es dort billiger war. Um 1980 begannen seine psychischen Probleme. 1982 bekam er seinen ersten Vormund.

Träfe Sprüche auf Kartontafeln

Tages-Anzeiger

«Krebs – wählte Abkürzung in Himmel»

Das Luzerner Stadtoriginal Emil Manser hat sich das

Auf der Brücke hinterliess Manser ein Kartonschild: «Krebs – wählte

Luzern, verkaufte selbst gemachte Postkarten, fand Aufnahme im

NZZ am Sonntag

Wahrheiten zum ha

Emil Manser, Stadtoriginal und Strassenph

Anfangs erschien er manchen als Krakeeler, am Schluss haben alle seine ziselierten Sprüche ge-

für Jedes Schimpf-Wort ein Baum wachsen Lebten wir in Urwald». Druckfehler inbegriffen. «Intelikenz ist gerecht verteilt», fand er und gab

25-389726

Ist mir grosse Ehre von gleicher Sorte zu sein

DANKE!

– Für die vielen Zeichen der Freundschaft – insbesondere das Blumenmeer an den Stammplätzen von

Emil Manser

hat uns überwältigt! Danke für die vielen Spenden, Briefe und Worte des Trostes; und auch – gerade ohne dieser vielen Worte!
EMIL sagte mit WENIG Worten – VIEL!

- Danke den «Gassen-Leuten» für die liebevolle Pflege der Gedenkplätzli; und dafür, dass die Plätzli trotz der hektischen Zeit nicht so rasch als möglich «gesäubert» wurden …
- Denn Zeit ist ja bekanntlich mehr als Geld – und nur die Zeit – und nicht das Geld heilt die Wunden …
- Danke für die schöne Zusammenarbeit mit Pfarrer J. Rechsteiner
- Für die von Herzen kommende musikalische Begleitung, Kurt Frank
- Beim Stadtpräsidenten Urs W. Studer bedanke ich mich für die «ungeschminkte», klare Rede, denn es ist oft so …, Politiker sagen mit VIELEN Worten – WENIG!
- Danke dem «Friedental-Team»
- Danke für die gelungene Gedenkfeier in der Franziskanerkirche
- Ein «Lebe hoch» auf den Waldstätter-Coop-Filial-Leiter, Herr Merz, für den «Nerven-Beruhigungs-Tee» (wie ihn Emil nannte …!)

Danke für Eure Toleranz

Lebensgefährtin Anita und Familie Manser

25-389693

NEUE LUZERNER ZEITUNG

Der Tod des Origin

Blumen, Kerzen, stille Gedenkminuten an der Habsburgerst kürzlich verstorbene Stadtoriginal Emil Manser viel aufgeha Tagen immer wieder Leute inne und denken kurz an ihn. Die st

Appenzeller Zeitung

Abschied vom Luzerner St

Seit er am 3. August in die Reuss ging, ist das Luzerner Stadtoriginal Emil Manser präsenter denn je. An seinen alten Standplätzen werden Blumen niedergelegt, Kerzen angezündet. In

nicht nur mi die regelmä ten erschal mit dem Ou als Charlie der mit Mil ventskranz

NEUE LUZERNER ZEITUNG

Original Emil Manser

Sein Tod könnte vieles auslösen

Die Anteilnahme am Tod des Originals Emil Manser ist gross. Wie aber geht man in der Stadt Luzern mit Leuten

seiner Präsenz die Bevölkerung irritiert, beunruhigt, belustigt und zum Nachdenken gebracht hat, war so oder so ein origineller Mensch. Für den Luzerner Sozialdirektor Ruedi Meier war Manser

sikbusiness am Ende völlig isoliert gestorben und im Beisein einiger Güüggali-Zünftler beerdigt worden ist. Auch die Sozialdirektion ist immer wieder mit Personen konfrontiert, die völlig verein-

EXPRESS

▶ Morgen nimmt die Güüggali-Zunft Luzern Abschied vom Original Emil Manser.

Mehr Wisionär als Ohriginal

Der Tod von Emil Manser hat anfangs August ganz Luzern betroffen gemacht. Ein Visionär und Kinderfreund hat sich still verabschiedet.

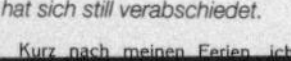

Danke für Eure Toleranz

■Danke für die vielen Zeichen der Freundschaft – insbesondere die Blumenmeere an Emils Stammplätzen haben mich über-

nser

er war so ein guter
estern Stajanka Milo-
n in der Migros Wald-
l sei regelmässig im
gekommen, oft mehr-

Mort d'un philosophe des rues

VU DU PONT

par ANNE CUNEO

écrit à la main. Nous avons mangé une glace. Il avait, ce jour-là, une allure qui rappelait fortement Charlie Chaplin en Charlot, et d'une voix profonde il s'était mis à chanter au beau milieu d'un discours qu'il me tenait sur les injustices sociales telles qu'il les voyait. La

partie des meubles. Tout le monde connaissait sa haute silhouette, qui parcourait la ville à pas lents, vêtue de diverses manières: à la Charlot, en salopette de peintre en bâtiment, en surplus militaire et je ne sais quoi encore. De quoi il vivait? Il vendait des cartes

Il était si connu qu'on a parlé de lui dans un livre sur les personnalités originales de Lucerne. Emil Manser avait son point de vue sur cette soudaine célébrité: «Se faire remarquer parmi les poissons morts, ça n'a rien de remarquable», a-t-il écrit sur un de ses placards.

das**Kulturmagazin**

4 originale

Der Manser-Effekt

Sie heben sich von der Masse ab. Und sprengen so

Preis

53-jährig ins Wasser gegangen

Pfister ist über-
zern mehr von je-
wo. Wer wie Man-
rkannt ist, scheint

«Eine Mischung zwischen Stadtclown und Prophet ist er gewesen», findet Pfarrer Gerrit de Hahn, der nachdoppelt: «ein Prophet wie Elias, aber von

«Wir kannten ja nicht den ganzen Manser»

Emil Manser ist öffentlich durch seine Inszenierungen wahrgenommen worden

insider

41 I ABSCHIED VON EMIL MANSER

GOODBYE EMIL MANSER

1997 habe ich das erste Mal mit Emil Manser ein Tell Bier getrunken. Er sagte, er trinke nur eins, er sei nämlich schon fast so blau wie meine Augen.

welcher über Mansers wirksame Plakat Auftritte philosophierte. Er habe über das nachgedacht, „was in dieser Stadt, was in dieser Gesellschaft

l Manser bewegt viele

Gedenkfeier erkundigten. Auf Grund eines persönlichen Wunsches des Verstorbenen findet die Abdankungsfeier im engsten Familienkreis statt. Eine Todesanzeige mit dem entsprechenden Hinweis wird erst danach veröffentlicht. Manser war am Dienstag tot

Hofnarr und Prophet

Sonntag

Man trifft sie in Dörfern, Quartieren und Städten:

«Fülosof»

chmunzeln, das er auslöste.
Nationalrat Hans Widmer schil-
erte, wie überlegt Manser sei-
e Auftritte gestaltete, um
wahrgenommen zu werden. Er
abe über das nachgedacht,

NEUE LUZERNER ZEITUNG

Gedenkfeier

Grosse Betroffenheit und eine volle Kirche für Emil Manser

Es war ein schlichter und würdiger Abschied: An der Gedenkfeier für Emil Manser nahmen rund 500 Personen

tät leben, können andere berühren. Emil Manser, der seinem Leben am 3. August ein Ende setzte, war einer von ihnen. Sein Tod löste in Luzern grosse Betroffenheit aus. Die Franziskanerkirche war bei der

IM GEDENKEN

«Eigenheit leben»

«... Etwas vom Clown hatte Emil in

Nacht am Reusssteg gefunden wurde, hatte sich Emil aus dem Leben verabschiedet. Selbst in diesen tragischen Stunden sei Emil «mit einem Schmunzeln in die Ewigkeit hinübergegangen», sagte

EXPRESS

▶ Der Tod des zum Original erklärten Emil Manser bewegt in Luzern viele.

NEUE LUZERNER ZEITUNG

Friedental

Manser: Sein allerletztes Plakat

Zum Fest der Auferstehung hat Emil Manser im Friedental einen Grabstein erhalten.

EXPRESS

▶ Auf dem Grab von Emil Manser steht seit kurzem ein Grabstein.

Krebs!
(wählte Ab
kürzung in
Himmel)

Lieber Emil
oft erfreute
uns Dein erscheinen
nun bist Du gegangen
wir müssen
weinen

EMIL MANSER
ZIEHE ICH DEN
HUT! UND
SCHÄME MICH
DASS ICH ES
NIE TAT...

Intelikenz
ist gerecht
verteilt:
Jede(r) meint
genug zu

Habe
Betriebs-
Ferien

Ist mir
grosse
EHRE
von gleicher
Sorte zu
sein

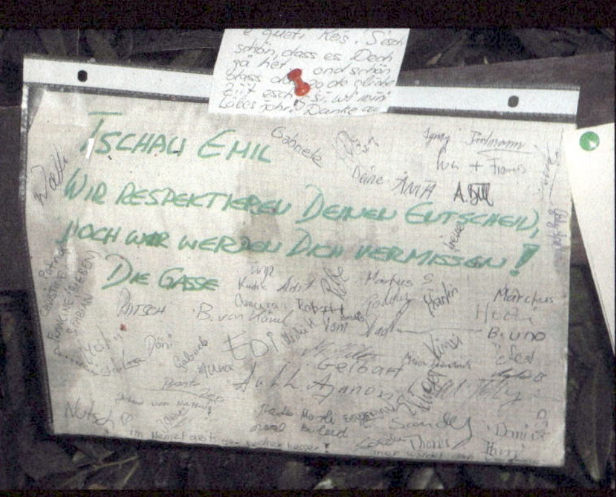
TSCHAU EMIL
WIR RESPEKTIEREN DEINEN ENTSCHEID,
DOCH WIR WERDEN DICH VERMISSEN!
DIE GASSE

Seine Verwandlung hatte sich schon seit Langem angekündigt. Einerseits sehnte er sich sonderbarerweise immer mehr nach dem Meer. Das Andere war ein Jucken und Ziehen der Haut, sie schien sozusagen nicht mehr zu seiner inneren Gestalt zu passen und er fühlte sich buchstäblich nicht mehr wohl darin.

Im Wasser wurde die Haut weich und er konnte sie mühelos abstossen, wobei sich seine Grösse und Erscheinung offenbar erheblich veränderte. Auf einem Stück Treibholz kam er mit der Strömung ohne sein Dazutun weiter. Der Fluss, der aus der Stadt floss, mündete später in einen Strom. Es war de kürzeste Weg, die See zu erreichen.

Peter Scheidegge

Danach trieben ihn Wind und Meeresströmung der Küste entlang. Im seichten Ufergewässer liess er sich fallen und merkte bald, dass er hier am Ziel angelangt war.

Später dachte er manchmal darüber nach, was seine Verwandlung ausgelöst hatte. Wahrscheinlich hatte sich sein Körper daran angepasst, dass er eine andere Laufrichtung als die Meisten hatte. Hier in seiner neuen Umgebung und mit seinen neuen Artgenossen fiel es ihm jedenfalls wesentlich leichter, in seine bevorzugte Richtung zu gehen.

Mein lieber Emil

Anita Bucher*

Das Wichtigste, was ich dir zu sagen habe, heisst Danke! Ich bin voll guter Worte und Gefühle, denke ich an dich. Ich bin nicht mehr die Frau, welche ich war, bevor wir uns kennenlernten.

Wie oft bin ich durch dich an meine Grenzen gestossen, konfrontiert mit vielen meiner, bis anhin auch mir selbst unbekannten und ungelebten Facetten …

Trotzdem – oder eben erst recht: Du machtest mich neugierig und wir liessen uns auf eine gemeinsame, manchmal nicht einfache, dafür aber spannende Reise ein.

Es brauchte einiges, bis unser erstes Date zustande kam … Als ich dich nämlich vor der Kantonalbank-Bushaltestelle auf einem Kübel sitzen sah, fragte ich dich, ob du mit mir was trinken gehen möchtest. Deine Antwort war knapp und lautete: «Ich ha jetz ke Ziit.» Bei meinem zweiten Versuch, es war ein sonniger Tag, lautete deine Antwort: «Chomm i zwe Stund nomoll – es lauft jetz grad so guet.»

Natürlich war mein Geduldsfaden gerissen. Beleidigt und stolz entschied ich mich, so was doch nicht nötig zu haben.

Ein dritter Versuch meinerseits erübrigte sich. Kaum hattest du mich ein paar Tage später von weitem erblickt, packtest du sofort all deine «Arbeitsutensilien» zusammen und als ich nur noch ein paar Meter von dir entfernt war, standest du stramm und sagtest: «Jetz chomi mit zum Kafi!» Ich musste lachen und sagte: «Etwas Wesentliches scheinst du vergessen zu haben – mich nämlich zu fragen, ob ich überhaupt mit dir noch etwas trinken gehen möchte …»

Deinen Charakter fand ich spannend. Du warst ein Macho, gleichzeitig sensibel und intelligent. Und du warst ein Zyniker, aber auch stolz und humorvoll.

* Anita Bucher war in den letzten Lebensjahren die Lebensgefährtin von Emil Manser

ahel Nicole Eisenring

Wie oft haben wir in den letzten Jahren über unsere Geschichte lachen müssen. Etwa über die Episode, als ich dir beibringen wollte, dass du mir nach dem Essen wenigstens beim Abwasch behilflich sein solltest. Darauf meintest du trocken: «Das ist eben der Generationenunterschied. Früher wurde man noch gefragt: Schatz, was wotsch hüt ässe?» Und dann erhobst du dich vom Tisch, öffnetest das Fenster und machtest die Läden zu. «Was soll das jetzt», fragte ich dich, «warum machst du am helllichten Tag die Läden zu?» Darauf du: «Jo määnsch du, d'Nochbere sölled jetz au no gseh, wie du mich chnächtisch?» Von da an half er mir eine Zeit lang, stellte sich jedoch – vielleicht auch mit Absicht – so ungeschickt an, dass ich die Küchenarbeit fortan lieber selber verrichtete.

Ich konnte dir einfach nie lange böse sein, brachtest du mich doch immer wieder zum Lachen.

Ein weiteres kleines Küchen-«Episödeli»: Nach einem Zvieri schwamm noch ein letztes Gürkli in seinem Glas und ich forderte dich auf, dieses doch auch noch zu essen, worauf blitzschnell deine Bemerkung folgte: «Nei, das iss ich nümm, sosch muess ich nochhär no s Glas abwäsche.»

Dich als Partner an meiner Seite zu haben, hiess gleichzeitig auch, gesellschaftlich exponiert zu sein. Oft fühlte ich mich fremden Blicken ausgesetzt. Das war je nach eigener Stimmung besser oder schlechter auszuhalten. Doch von Jahr zu Jahr kamen wir einander näher, wurde unsere Beziehung liebevoller und schöner.

Es macht mich glücklich, die Gewissheit zu haben, dass du dir selbst in deiner letzten Entscheidung im Klaren warst und dass du die Verantwortung für dein Handeln übernommen hast. Und ich bin froh, dass du nicht gesellschaftlich-politisch frustriert aus dem Leben gingst. Das Weltgeschehen zwang dich nicht mehr zu endlosen inneren Kämpfen. Nur ein paar Jahre zuvor hattest du mir noch traurig und nachdenklich gesagt: «Mini Text bewörkid jo doch nüt – ech glaube ned, dass ich noch lang mit dene Plakat umetschumple …» Zum Glück wurde deine Einstellung später etwas gelassener: «Hütt goht's mer rächt guet; ich ha zu de meischte Lüüt es guets Verhältnis. Ech ha nümm de Aaspruch, öppis z'verändere. Sithär bruuchi de Alkohol nümm eso ond so wottis jetz no chli gniesse.»

Viele Geschenke hast du mir hinterlassen, viele, viele Erinnerungen. Selbst während der Arbeit an diesem Buch durfte ich zahlreiche weitere Geschichten über dich erfahren. Die Gespräche, die ich mit unzähligen Menschen führen durfte, waren nicht immer nur fröhlicher Art. Nicht selten flossen dabei auch Tränen. Aber stets fühlte (und fühle) ich mich bereichert.

Eins ist klar, lieber Emil: Ich selbst bin durch dich dem Original in mir viel näher gekommen.

Mit Dank – und in Verbundenheit,

In Gedenken an
Geb 20.11.1951
Emil Manser
3.8.2004 Gest
Benedikt Notter

Autorinnen & Autoren (Text & Bild)

aby Acklin, Fotografin, Sursee S.171

illy Ammann, Quartierpolizist, Luzern S.48/49

manuel Ammon, Fotograf, Luzern S.35, S.170/171

eorg Anderhub, Fotograf, Luzern S.2/3, S.26, S.36, S.66, S.123

urt Brudermann, Bijoutier, Luzern S.23/24

aul Brühwiler, Grafiker & Plakatgestalter, Luzern S.143

nita Bucher, immer beschäftigt, Luzern S.174-177

enno Bühlmann, Verleger/Publizist, Horw S.7-9

errit de Haan, Pfarrer Lukaskirche, Luzern S.149/150

ahel Nicole Eisenring, Illustratorin, Luzern S.175

abor Fekete, Illustrator, Luzern S.167

ans Felder, stv. Leiter Abt. Fleischwaren Coop Winkelried, Kriens S.121

hristoph Fischer, Illustrator, Luzern S.28-30, S.58-60, S.119, S.134-137

erner Fritschi, Publizist, Luzern S.117/118

abakuk (Kurt Habermacher), IV-Rentner, Luzern S.64/65

Hangartner, Theologin, Luzern S.54/55

uth & Frey, Künstlerinnen-Duo, Luzern S.42/43

elk Imboden, Fotograf & Plakatgestalter, Buochs S.142

Imfeld, Schriftsteller, Zürich S.154/156

urt Infanger, Grafiker & Plakatgestalter, Luzern S.146

abi Kopp, Illustratorin, Luzern S.155

nst Kost, Kunstmaler, Luzern S.126/127

elix Kuhn, Kunstmaler/Texter, Luzern S.52

onio Limacher, Animator, Arbon S.133/134

eter Merz, ehem. Filialleiter Coop Winkelried, Sursee S.56/57

enate Metzger-Breitenfellner, Journalistin, Beckenried S.25/26

ajo Meyer, Arzt/Fotograf, Luzern S.124

alter Meyer (Bruder Rollmag), Luzern S.78-84

edi Muster, Fotograf, Kriens S.150

ouis Naef, Theaterschaffender, Luzern S.31-35

iver Neff, Fotograf, Clarens S.120

oland Neyerlin, Philosoph, Luzern S.138-140

enedikt Notter, Illustrator, Luzern S.178

eidi Pfäffli, Philosophin, Luzern S.53

ans Pfister, Präsident Güüggali Zunft, Luzern S.41

oland Pirk-Bucher, Objektkünstler, Ebikon S.50/51

ndrea Portmann, Studentin, Luzern S.128-132

herese Rauch, Audiotechnikerin, Luzern S.44/45

ustin Rechsteiner, Pfarrer St.Maria zu Franziskanern, Luzern S.21/22

Cybu Richli, Grafiker & Plakatgestalter, Luzern S.147

Sepp Riedener, Seelsorger für Randgruppen, Luzern S.165/166

Guido Ruckstuhl, Personalfachmann, Luzern S.27

Martin Rutishauser, Nachtportier & Texter, Luzern S.146

Peter Scheidegger, Illustrator, Luzern S.172/173

Luca Schenardi, Visueller Gestalter, Luzern S.37-40

Susanne Schmid, Studentin, Luzern S.63

Claudia Schumacher, Grafikerin, Luzern S.128-132

Tino Steinemann, Grafiker & Plakatgestalter, Neuenkirch/Luzern S.141

Silvia Strahm-Bernet, freischaffende Theologin & Publizistin, Luzern S.67/68

Urs W. Studer, Stadtpräsident, Luzern S.4/5

Mario Suter, Grafiker & Plakatgestalter, Luzern S.144

Dragan Tasic, Fotograf, Luzern S.90

Annik Troxler, Grafikerin & Plakatgestalterin, Bern/Amsterdam S.145

Niklaus Troxler, Grafiker & Plakatgestalter, Willisau S.148

Paula Troxler, Illustratorin, Luzern S.46/47

Andrea Vogel, Expeditionsleiter/Grenzgänger/Fotograf, St.Niklausen S.151-153

Hans Widmer, Philosoph & Nationalrat, Luzern S.122/123

Urs Wollenmann, Sprachlehrer, Luzern S.61/62

Marcel Zürcher, Fotograf, Luzern S.6

Eva Zwimpfer, Objektkünstlerin, Luzern S.125

Spezieller Dank

Hansruedi Ambauen, Geoff Bearman, Margrith Bläsi, Armin Brunetti, Philipp Clemenz, Maurus Domeisen, Christine Felder, Piitsch Galbier, Kurt Habermacher, Patrick Hasler, Daniel Koch, Felix Kuhn, Walter Meyer, Doro Oechslin, Iso Rechsteiner, Susanne Schmid, Rita Schmid-Oetterli, Gerhard Stöckli, Edgar Ueberschlag, Irène & Beni Keller-Ulrich, Remko van Hoof, Margrit Windlin, Vreni Wyrsch, Heidi Zurbuchen

Sponsoren

Stadt Luzern/FUKA-Fonds; Casimir Eigensatz Stiftung, Luzern; Kanton Luzern, Kultur- und Jugendförderung; Gemeinnützige Gesellschaft der Stadt Luzern; Coop Zentralschweiz; Römisch-katholische Landeskirche des Kantons Luzern; Evangelisch-reformierte Landeskirche des Kantons Luzern; Gemeinde Horw

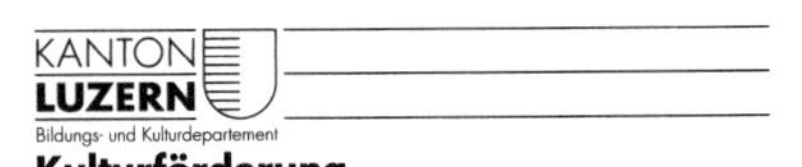